Índice

Lista de temas musicales del CD

Aprenda Guitarra de Rock

por Ed Lozano

Amsco Publications
New York/London/Paris/Sydney/Copenhagen/Berlin/Tokyo/Madrid

Cover photography by Randall Wallace

This book Copyright © 2004 by Amsco Publications,
A Division of Music Sales Corporation, New York

Order No. AM 978472
US International Standard Book Number: 0.8256.2831.8
UK International Standard Book Number: 1.84449.229.X

Exclusive Distributors:
Music Sales Corporation
257 Park Avenue South, New York, NY 10010 USA
Music Sales Limited
8/9 Frith Street, London W1D 3JB England
Music Sales Pty. Limited
120 Rothschild Street, Rosebery, Sydney, NSW 2018, Australia

Printed in the United States of America by
Vicks Lithograph and Printing Corporation

Agradecimientos

Este libro no hubiera sido posible sin la ayuda de varias personas muy especiales:
- Peter Pickow, Dan Earley y toda la gente de Music Sales Corporation.
- Mi gran amigo y gran músico Joe Dineen.
- Susan y Jim Cavanaugh de Black Diamond Strings.
- Michele Wernick de Line 6.
- Pablo Araya y Marko Miletich
- Mi familia y amigos que son simplemente demasiados para nombrarlos a todos.
- Y para el Todopoderoso por todo lo mencionado y mucho más.

Comentarios al CD

Ed Lozano arregló, compuso e interpretó todos los ejemplos musicales usando lo siguiente:
- 1973 Gibson Les Paul con EMG pickups y cuerdas Black Diamond Strings.
- Amplificador Line 6 Flextone III+
- Simulador de amplificador Johnson J-Station
- Simulador de amplificador bajo Line 6 Bass POD
- Cubase SX con Waves y TC Electronics Plugins
- Procesador de Audio para Mastering Spark XL
- Micrófonos AKG
- Bajo OLP Musicman usando también cuerdas Black Diamond
- Sintetizador EMU Proteus 2000
- Percusión electrónica Yamaha DTXpress II y Wizoo Samples.

El CD en su totalidad se grabó y produjo en una computadora Macintosh Dual Processor G4.

Prólogo

El ambiente está cargado de energía a la expectativa de lo que está a punto de ocurrir. Un par de ajustes finales: asegurarte que tu guitarra está afinada, un último vistazo al espejo para arreglarte el pelo y estirar los hombros para relajar el cuerpo. El público está frenético sabiendo que el espectáculo está a punto de comenzar. Subes el volumen de tu guitarra y escuchas el murmullo inicial de los amplificadores mientras esperas como un león enjaulado el momento… el momento en que tocas las cuerdas y comienza la algarabía.

Todos podemos soñar, ¿verdad? Ya sea en una sala de conciertos o en tu habitación, el *rock and roll* sigue siendo el *rock and roll*. Así que, si eres un león enjaulado esperando ocasionar toda esa algarabía, qué mejor manera de pasar el tiempo que tocando la guitarra.

Recuerdo aquellos días en los que me encerraba en mi cuarto practicando y preparándome para ese momento en el que pudiera salir de mi jaula, por supuesto iba a disfrutarlo lo más posible. Practiqué mis escalas y acordes, acordes y arpegios, arpegios y progresiones, etc. Estudiaba cada uno de los botones de mi amplificador y escuchaba cómo afectaba el sonido cada vez que modificaba levemente cada uno de ellos.

Mientras me crecía el pelo y los dedos tocaban más rápidamente, Mi sonido maduró. Comencé a verme como un guitarrista, un guitarrista de *rock*. Después de dedicar un tiempo a aprender de otros guitarristas adultos a los que les gustaba la música de Led Zeppelin, The Who, The Rolling Stones y Black Sabbath, formé mi propia banda. Mi primer grupo se llamaba Valhalla y tocábamos la música de Van Halen, Guns and Roses y Whitesnake.

Después de varias bandas, formé Powerhouse. Una banda de mucha energía que tocaba música original al estilo de ese león enjaulado que acababa de conseguir su libertad e hicimos varias giras por todos los Estados Unidos y Canadá. Nunca sacamos un disco aunque grabamos varios. No mucha gente recuerda Powerhouse pero los recuerdos están aún vivos en los corazones de los miembros de la banda. Lo que quiero decir es que no tienes que ser una estrella de *rock* para sentirte como una estrella. Yo lo sentí en mi cuarto cuando aprendí un solo de Santana y lo toqué nota por nota con el disco. Tan sólo podía imaginar lo que sentiría Santana.

Así que, mientras tengo tu atención, pon en libertad ese león de *rock and roll* que llevas adentro. Toma tu guitarra y sígueme mientras te llevo a través de los muchos estilos que forman el *rock and roll*.

Introducción

¡Bienvenido a *Aprenda guitarra de rock*!

Este método se ha probado y comprobado con muchos estudiantes. Algunos han llegado a tocar profesionalmente, mientras que otros han disfrutado de la capacidad para expresarse delante de algunos amigos y familiares. Otros simplemente se han dedicado a disfrutar y entretenerse a sí mismos.

Se recomienda enormemente que comiences repasando la sección *Guía de términos musicales*. Los que desconozcan este tipo de terminología, quizá quieran estudiar la sección. Otros quizá sólo necesiten revisar ligeramente los términos. Si lo desean, también pueden volver a esta sección solamente cuando lo crean necesario.

Las canciones que se estudian en este libro deberían considerarse como lecciones, cada lección trata un estilo de tocar en particular. En la mayoría de los casos, el estilo se basa en la música de un artista o grupo popular, mientras que el resto de la lección demuestra una versión genérica del estilo. Cada lección se divide en dos partes de guitarra: la *Guitarra 1* es la *guitarra marcante*[1] y la *Guitarra 2* es la *guitarra punteada*[2].

La explicación de la canción abarca la tonalidad de la canción, la progresión de los acordes y algunas técnicas concretas. Después se analiza la guitarra marcante y se muestran dos partes alternativas que generalmente son más fáciles de tocar que la parte de la guitarra marcante principal.

A continuación, se discute y analiza la guitarra punteada. La guitarra punteada ofrece también dos alternativas que explican diferentes técnicas para tocar escalas, arpegios y para practicar diferentes secuencias que son parte del vocabulario de la guitarra.

Por último, tendrás la oportunidad de practicar lo que has aprendido con temas musicales de práctica especialmente diseñados. Usa estos temas musicales para reforzar las técnicas que se trataron y para tratar de desarrollar nuevas ideas.

Se incluye también una *Lista de temas que se sugiere escuchar*, que incluye la banda, el guitarrista y la canción o tema. En la mayoría de los casos, los solos ilustran la habilidad del artista con el instrumento y/o contienen ideas melódicas que han sido innovadoras. En otras ocasiones, los solos simplemente suenan bien.

Las transcripciones de muchos de los solos están también disponibles en libros y revistas de guitarra. Estas transcripciones son una maravillosa fuente de instrucción e inspiración.

Dedica tiempo a cada lección e intenta comprender cómo funcionan las cosas mientras practicas la manera de llevar a cabo ciertas técnicas. Escucha los otros instrumentos y toca con que ellos, no encima o través de ellos. Por último, escucha los sonidos que se usan para la guitarra en cada tema. Una guitarra que suena bien es una inspiración tanto para el músico como para el público.

¡Vamos a empezar!

[1] Para los propósitos de este libro, se le llamará *guitarra marcante* a la guitarra rítmica o de acompañamiento.
[2] Para los propósitos de este libro, se le llamará *guitarra punteada* a la guitarra melódica o de requinto.

Cómo usar este libro

El propósito de este método y CD es ayudarte a desarrollar un entendimiento completo de las técnicas necesarias para tocar la guitarra de *rock and roll*. Todos los ejemplos se tocan con una banda y existe un tema musical de práctica para que tú toques. El tema musical de ensayo tiene una guitarra marcante, teclado, bajo y batería. Estos temas musicales te ofrecen la oportunidad para practicar en un ambiente *en vivo*. En resumen, aprenderás cómo tocar con una banda al practicar con los temas musicales de ensayo.

Para los que no tienen ninguna experiencia con la música, incluyo explicaciones sobre el *sistema de tablatura*, notación musical así como también algo de teoría básica en la *Guía de términos musicales*. Aunque estas secciones nos ayudan a comprender algunos términos musicales y principios de la teoría, no tiene la intención de ser un texto formal. Para todos aquellos interesados en explorar más profundamente la teoría de la música, les sugiero que traten de conseguir un libro más adecuado para ese fin o un maestro que pueda aclarar cualquier duda sobre ese tema.

Seguro que estás deseando empezar, pero antes de comenzar a tocar se te recomienda que escuches el CD mientras lo sigues con el libro. Aprender a escuchar adecuadamente requerirá algo de disciplina. Después practica con el ejemplo mientras lo escuchas o practicas con el tema musical de ensayo que se incluye. Fija el tema musical para repetirlo y escucharlo el tiempo que quieras. De cualquier forma estarás aprendiendo mientras tocas y tocando mientras aprendes. Te invito a que crees tus propias frases melódicas, patrones rítmicos e ideas. Cada tema musical de ensayo tiene dos compases de cuenta para que sepas cuando comenzar a tocar.

Las lecciones no siguen un orden en particular, así puedes tener la libertad de saltar de una a otra. Las técnicas que se incluyen en un ejemplo servirán también para otro ejemplo, así que se sugiere que practiques la técnica de una canción con el tema musical de ensayo de otra.

Cada lección comienza con una explicación de la canción y el estilo. Después le sigue un diagrama de acordes que proporciona una visión rápida del ejemplo de la canción y un diagrama de armonía que ilustra la escala y los acordes de la canción. Puedes entonces seguir la transcripción de la canción mientras escuchas el CD. Además, las guitarras marcantes y punteadas se tratan por separado a la vez que se incluyen dos variaciones diferentes.

Creé este método cuando aprendía a tocar. Mis maestros me ofrecían sugerencias y yo incorporaba sus ideas. No fue, sin embargo, hasta que comencé a enseñar de tiempo completo que se realizaron plenamente estas ideas.

Mi primer grupo de estudiantes también me comentaban sus descubrimientos. Aprendían las ideas más rápido si les hacía una grabación. Cuando creaba un tema musical de ensayo, disfrutaban más con el proceso y progresaban de forma más rápida. Con el tiempo, el método se convirtió en lo que ahora tienes en tus manos; una guía práctica para aprender guitarra de *rock*.

Sistema de tablatura básico y notación musical común

La música de este libro se ha escrito en ambos *tablatura* y notación musical común. *El sistema de tablatura* tiene una larga historia que data desde la música para laúd en el Renacimiento. Hoy en día el sistema de tablatura (TAB, por su abreviatura en inglés) usa seis líneas horizontales. Cada una de estas líneas representa una cuerda de la guitarra; la 1er cuerda es la más aguda y la 6ta cuerda la más grave. Los números que aparecen en las seis líneas indican la posición del traste, mientras que el cero indica que la cuerda se debe tocar al aire.

La tablatura te dará sólo el tono. Tienes que ver la notación común para determinar la duración de cada nota. Fíjate en el diagrama a continuación para ver los valores de las notas.

Guía de términos musicales

Comencemos hablando de algunas cosas básicas. La música es un idioma. Cuanto más entiendas los conceptos fundamentales del idioma, mejor te podrás comunicar.

Primero, veamos el alfabeto musical. El pentagrama siguiente muestra las notas disponibles en la guitarra.

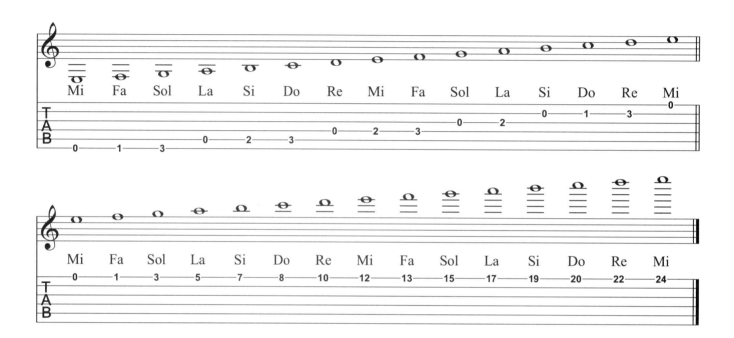

Observa que las letras que se usan para los nombres de las notas, se repiten después de cada siete notas. Usaremos el nombre de las notas que se usa en los Estados Unidos. En caso de que no las sepas, son:

C   Do
D   Re
E   Mi
F   Fa
G   Sol
A   La
B   Si

La nota más grave es Mi (E) que sube a Fa (F) y después a Sol (G). Entonces, subimos a la próxima nota que es La (A), las notas que ascienden desde ese punto lo hacen de forma alfabética de A a G. Este ciclo se repite hasta que se nos terminan las notas en la guitarra.

Escalas

Las notas suben en una serie de tonos para formar una *escala*. Un *tono* es la distancia entre dos notas separadas por dos trastes, mientras que un *semitono* es la distancia entre dos notas consecutivas. Fíjate en el siguiente ejemplo y observa que a medida que las notas del pentagrama suben, suben también los números de la representación en la tablatura (TAB).

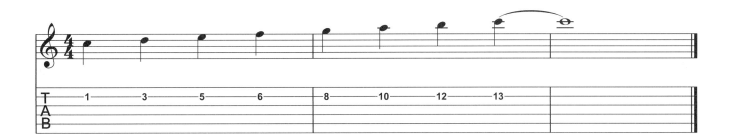

Al cambiar la combinación de tonos y semitonos podemos cambiar el tipo de escala. Usaremos la escala de DO (C) mayor como punto de referencia. El siguiente diagrama ilustra la escala con números comunes y números romanos.

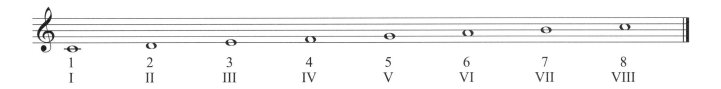

Los números comunes se refieren a *los grados de la escala* o las notas en sí mismas; por ejemplo, en la tonalidad de DO (C) mayor, el 2do grado de la escala se refiere a la nota RE (D), el grado 5 de la escala se refiere a la nota SOL (G), el 7mo grado de la escala se refiere a la nota SI (B), *etc*. La distancia entre dos notas, o un grado de la escala a otro, se llama *intervalo*. Los números romanos se tratan más adelante en la sección de acordes.

Modos

Un *modo* define la selección de notas que componen una escala, para formar la sustancia tonal de una pieza musical. Varios modos son posibles en cualquier tonalidad. Por ejemplo, al tocar todas las teclas blancas del piano de forma ascendente de DO a DO (C a C) tenemos un sonido de DO (C) mayor; pero más concretamente, en la tonalidad de DO (C) mayor, el orden de notas de DO a DO (C a C) proporciona un modo *jónico*. Si haces el mismo ejercicio tocando de RE a RE (D a D) en las teclas blancas del piano, sigues tocando notas de la tonalidad de DO (C) mayor pero las notas que tocas suenan en una tonalidad menor. Las notas de RE a RE (D a D) forman un modo *dórico*.

Para ilustrar este punto de forma más clara, intenta imaginar el sonido de una escala de DO (C) mayor como un color; digamos azul. Trata de imaginar todos los modos en DO (C) mayor como distintos tonos de azul. Siguen compartiendo el color común que es el azul, pero cada modo es un poco más oscuro o más claro que el otro.

Acordes

Los números romanos se refieren a los acordes. Un *acorde* se compone de dos o más notas que se tocan simultáneamente. Por ejemplo, una *triada de DO (C) mayor* se compone de tres notas; esas tres notas son los grados 1, 3 y 5 de la escala o las notas DO (C), MI (E) y SOL (G).

Arpegios

Un *arpegio* es simplemente un acorde que se toca nota por nota.

Quintas y díadas

La *quintas* y las *díadas* son acordes de dos notas que se usan en *blues y rock*. Las que trataremos son acordes de quinta, sexta y séptima. Por ejemplo una díada de C5 se compone de la fundamental (1) y la quinta (5) de la escala (o las notas DO [C] y SOL [G]). Una díada de C6 se compone de la fundamental (1) y la sexta (6) de la escala (o las notas DO [C] y LA [A]). Una díada de C7 se compone de la fundamental (1) y la séptima dominante (7♭) de la escala (o las notas DO [C] y SI♭ [B♭]). Estos tipos de acordes son importantes para tocar frases de *rock*.

Progresiones

Una *progresión* es una secuencia o patrón de acordes. Al igual que dos o más notas forman un acorde, dos o más acordes forman una progresión. En la música *folk, rock* y *blues* una progresión se compone generalmente de los acordes I, IV, y V. En la tonalidad de DO (C) mayor estos acordes serían DO (C), FA (F) y SOL (G).

Diagramas de acordes

Fíjate en el diagrama siguiente:

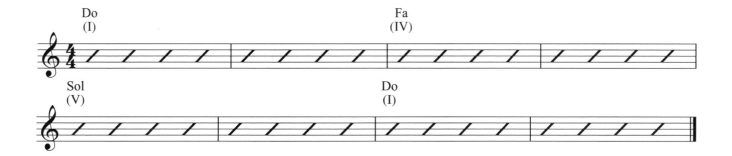

Esto se llama un *diagrama de acordes.* Es muy importante aprender a leer estos diagramas ya que te pueden guiar de forma sencilla a través de una canción. Aunque ésta es una progresión básica de ocho compases, el diagrama te ayuda a visualizar lo que debes de tocar.

Una *cifrado (lead sheet)* es básicamente lo mismo que un diagrama de acordes excepto que incluye la melodía y la letra de la canción.

Antes de empezar a tocar, por favor consulta la *Afinación* en el CD y asegurate que las cuerdas suenen igual que en el ejemplo. Tambien puedes usar un afinador electrónico ya que todos los ejemplos se han afinado a A=440c.

Dos pies

La canción

Dos pies está en el estilo de la banda de *rock* mexicana Maná. Este ejemplo de canción usa una de las progresiones más populares en la música rock: I–IV–V. Lo primero que podríamos decir sobre el *rock en español*, es que explora ritmos más profundamente que sus contemporáneos estadounidenses. Observa el movimiento de la línea del bajo, recuerda los tipos de líneas que se encuentran en la música de *reggae*. Además, la guitarra marcante no toca en los golpes fuertes y la guitarra punteada toca un patrón sincopado de semicorcheas basado en la escala de MI (E) mayor. Mientras tanto, la batería crea un ritmo constante de *rock* lleno de matices.

Dos pies

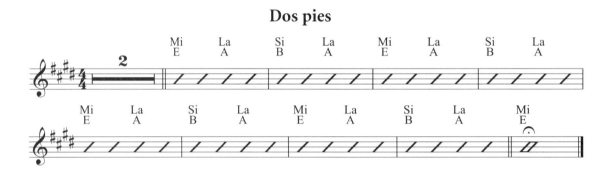

Tono de Mi Mayor

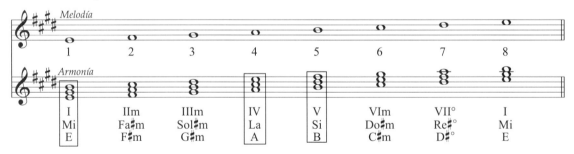

Dos pies

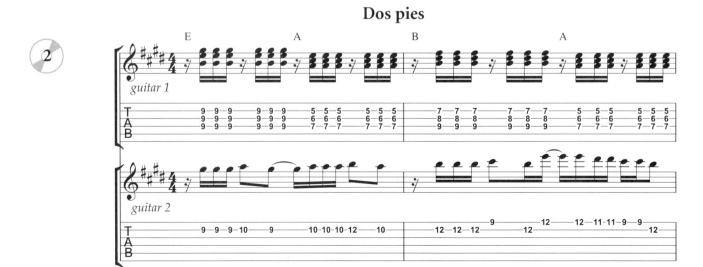

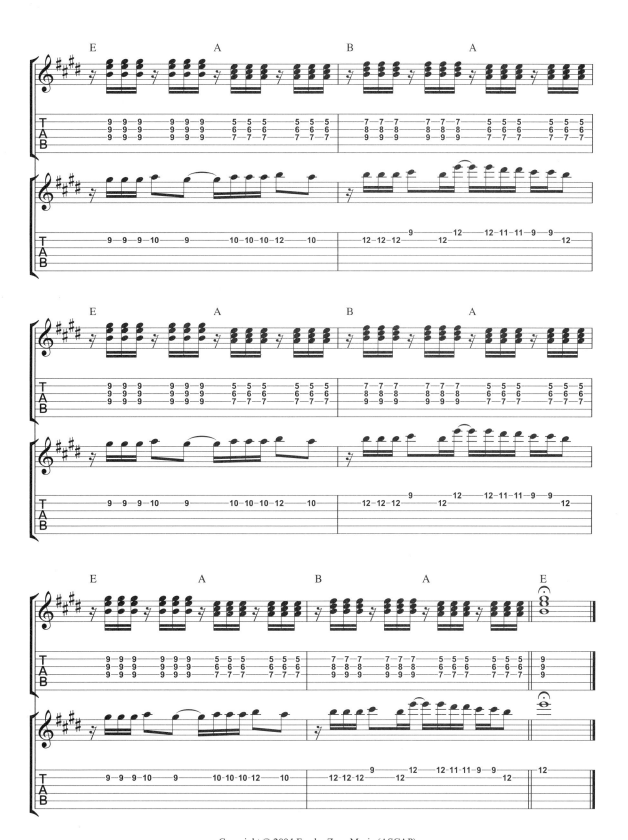

3 La guitarra marcante

Las formas de los acordes que se usan en esta canción son triadas básicas, pero se tocan en el medio del mástil o diapasón. Estas formas de acordes son simplemente versiones abreviadas de los respectivos acordes con cejilla. Todo guitarrista de *rock* debe poder ser capaz de tocar estas formas de acordes con bastante facilidad.

Este ejemplo de canción tiene la guitarra marcante tocando un patrón de semicorcheas; sin embargo, el truco de esta parte es tocar este patrón eliminando la primera semicorchea. ¡Ten cuidado! Algunos guitarristas tienden a acelerarse cuando eliminan el primer golpe.

Dos pies - Guitarra 1

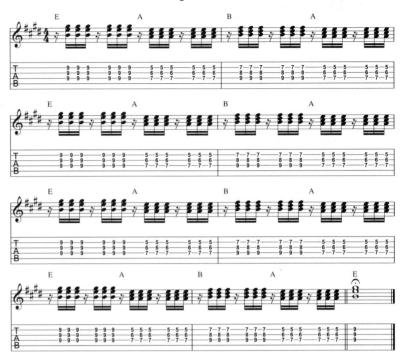

Ejemplo 1

Este ejemplo es una versión muy básica de lo que toca la guitarra marcante. Ahora, simplemente tocaremos el acorde en el primer tiempo fuerte o lugar en el que cambia el acorde.

Practicar esta idea cada vez que aprendes una nueva canción, te ayudará a escuchar los cambios cuando ocurran. Si tienes dificultad al tocar la parte del ritmo principal, entonces comienza con este ejemplo. Cuando ya *se lo sepan los dedos*, será el momento de seguir adelante.

Dos pies - Guitarra 1 - Ejemplo 1

Ejemplo 2

En este ejemplo, la guitarra marcante toca un patrón rítmico de corchea en el estilo *reggae*. Debido a que es un patrón influenciado por el *reggae* funciona muy bien con el bajo y la batería. Poder tocar este patrón es importante antes de pasar a la parte rítmica principal.

Dos pies - Guitarra 1 - Ejemplo 2

4 La guitarra punteada

La guitarra punteada toca una frase melódica de dos compases que está basada en la escala de MI (E) mayor. Observa la cantidad de melodía escondida en esta escala. La estructura del acorde de esta frase es diatónica a la escala de MI (E) mayor, por lo tanto, la escala de MI (E) mayor funcionará bien en otras situaciones similares a ésta. Sin embargo, todavía deberás tener cuidado al seleccionar las notas que formen tus frases melódicas.

Ejemplo 1

El tema musical de ensayo te proporciona el sistema ideal para desarrollar nuevas ideas, aprender escalas, desarrollar frases melódicas, *etc*. En este ejemplo, tocaremos simplemente la escala de MI (E) mayor con semicorcheas en dos octavas. Esto puede parecer un ejercicio que requiere determinación. Si te resulta difícil tocar el patrón de la escala con semicorcheas, intenta tocar la escala usando corcheas. Si te resulta también demasiado difícil tocar las corcheas, intenta tocar notas negras. Te darás cuenta que necesitarás *alternar* la manera de puntear las cuerdas (hacia arriba y hacia abajo) para llevar a cabo este ejercicio.

Ejemplo 2

Este ejemplo muestra el uso de los arpegios para crear frases melódicas. El objetivo de este ejercicio es el de lograr una ejecución limpia. Tienes que tener en cuenta alternar la forma de puntear, los cambios de posiciones, cambios a cuerdas próximas, *etc*. Observa la melodía natural que se crea simplemente al tocar arpegios. De nuevo, si te resulta difícil tocar los arpegios usando semicorcheas, intenta usar corcheas.

5 Ahora toca al mismo tiempo que el tema musical de ensayo.

Dos pies - Guitarra 2

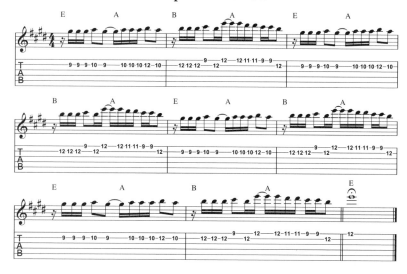

Dos pies - Guitarra 2 - Ejemplo 1

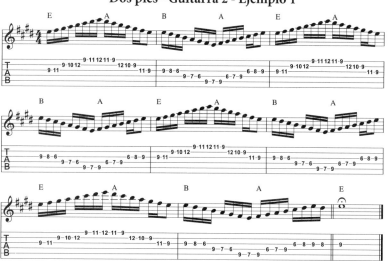

Dos pies - Guitarra 2- Ejemplo 2

Piedra dura

La canción

Los rockeros australianos AC-DC han impresionado a sus seguidores de todo el mundo con su estilo descarado de *rock and roll*. El tema *Piedra dura* es una canción de *rock* clásica que rinde homenaje a esta legendaria banda de *rock*. Esta canción demuestra frases melódicas en el estilo de *blues* que se tocan en una progresión I–IV–V en la tonalidad de LA (A) mayor. La guitarra marcante toca quintas sincopadas mientras el bajo y la batería proporcionan un frase continua compuesta de corcheas. Esto proporciona una base solida para la guitarra punteada que usa adornos y frases basadas en la escala pentatónica de LA (A) menor.

Piedra dura

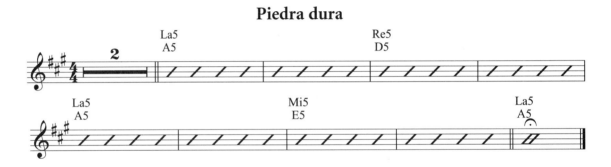

Tono de La Mayor

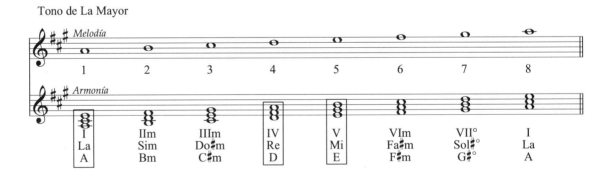

Piedra dura

La guitarra marcante

Las quintas sincopadas con mucha distorsión se han convertido en sinónimos del sonido de AC-DC. Las *quintas* son simplemente acordes sin la tercera. Estos acordes tienen un sonido agresivo lo que los hace favoritos para los guitarristas de *rock*.

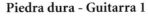

Ejemplo 1

El *Ejemplo 1* demuestra la técnica más popular para tocar quintas. En esta frase continua de corcheas se usa un rasgado hacia abajo. Además, este ejemplo es más fácil de tocar de forma uniforme que el patrón sincopado.

Ejemplo 2

El *Ejemplo 2* elimina la primera corchea en el primer tiempo de cada compás que se usa en la parte principal de la guitarra marcante. Eliminar la primer corchea a veces resulta difícil para los guitarristas que no han ejecutado antes esta técnica. Si la parte principal de la guitarra marcada te resulta difícil, entonces trata de tocar este ejercicio.

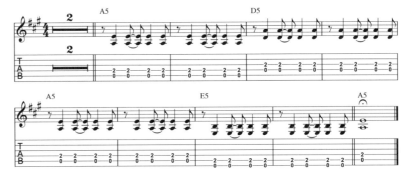

8) La guitarra punteada

La melodía que toca la guitarra punteada está basada en la escala pentatónica de LA (A) menor. Debido a que las quintas tienen una tonalidad ambigua (es decir, que no es mayor o menor), los guitarristas tienen muchas alternativas. Una vez dicho esto, la escala menor pentatónica es la opción más popular.

Esta melodía demuestra, frases inspiradas en *blues*, notas estiradas y ligados. Observa cómo cada frase contesta a la anterior. Un solo bien medido crea un pasaje musical interesante.

Ejemplo 1

El *Ejemplo 1* usa también la escala menor pentatónica. Sin embargo, esta vez trataremos cada acorde como la *tonalidad del momento*. Esto quiere decir que cuando cambie un acorde, trataremos a ese acorde como una nueva tonalidad. Por ejemplo, toca una escala de LA (A) menor pentatónica sobre el acorde de LA (A), después cambia a una escala de RE (D) menor pentatónica sobre el acorde de RE (D) y por último, toca una escala de MI (E) menor pentatónica sobre el acorde de MI (E).

Ejemplo 2

El *Ejemplo 2* muestra una manera de tocar llamativa pero no te sientas intimidado. Este pasaje melódico se toca todo en la primera cuerda y el patrón de seisillo cambia cada dos compases para acomodar la armonía o acordes subyacentes.

Esta manera de tocar la guitarra es un ejemplo de grandes guitarristas como Eddie Van Halen, Steve Vai, Joe Satriani, y Randy Rhoads. Para poder tocar frases como estas deberás desarrollar determinación en tu instrumento al practicar este tipo de sequencias con un metrónomo.

9) Ahora toca al mismo tiempo que el tema musical de ensayo.

Piedra dura - Guitarra 2

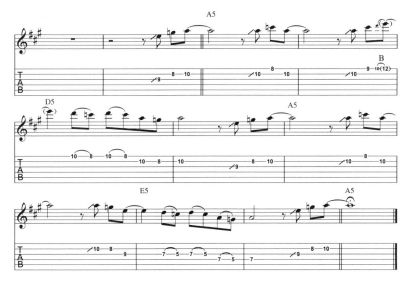

Piedra dura - Guitarra 2 - Ejemplo 1

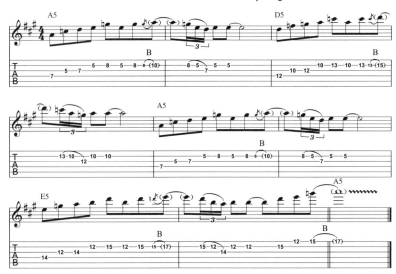

Piedra dura - Guitarra 2 - Ejemplo 2

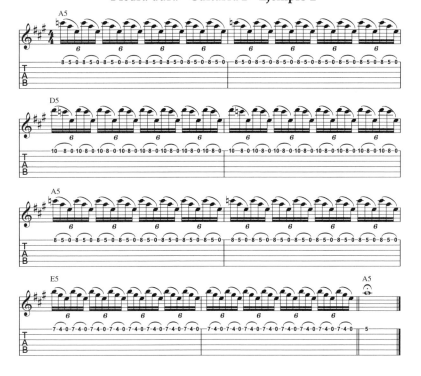

Nueva mañana

La canción

Nueva mañana es un ejemplo de salsa colombiana que se toca al estilo de Gloria Estefan. Esta simple progresión I–IV–V, en la tonalidad de LA (A) mayor, recuerda también a canciones como *La bamba y Guatanamera*. Observa la síncopa del movimiento de los acordes: el acorde de MI (E) cae en el acento debil del cuarto tiempo, lo que anticipa el siguiente compás. A esta técnica se le llama *anticipación* y se usa comúnmente en la salsa. Además, la guitarra marcante toca un patrón arpegiado mientras que la melodía de la guitarra punteada está basada en la escala de LA (A) mayor pentatónica con un arpegio de MI (E) mayor sobre el acorde de MI (E).

Nueva mañana

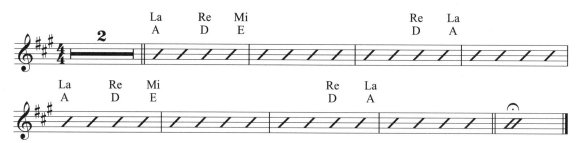

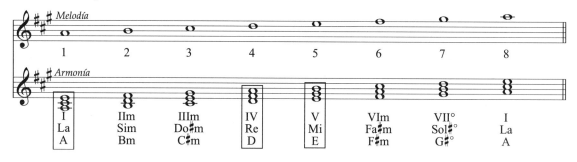

Tono de La Mayor

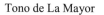

Nueva mañana

23

(11) La guitarra marcante

La guitarra marcante toca acordes de la primera posición que usan cuerdas al aire. Estos acordes son relativamente básicos, sin embargo, el uso de los dedos al tocar las cuerdas puede resultar un poco complicado. Para empezar, todas las notas en la 4ª, 5ª y 6ª cuerda se tocarán con el pulgar. La 1ª cuerda se toca con el anular, la 2ª con el medio y la 3ª cuerda con el índice. Cuando toques dos notas al mismo tiempo, se tocan siempre con el índice y el pulgar juntos.

Nueva mañana - Guitarra 1

Ejemplo 1

Este ejemplo es una versión muy básica de lo que toca la guitarra marcante. Ahora tocaremos simplemente el acorde en el acento en el que cambie el acorde. Practicar esta idea cada vez que aprendes una nueva canción, te ayudará a escuchar los cambios cuando ocurran. Si tienes dificultad al tocar la parte del ritmo principal, entonces comienza con este ejemplo. Cuando ya *se lo sepan los dedos*, será el momento de seguir adelante.

Nueva mañana - Guitarra 1 - Ejemplo 1

Ejemplo 2

Esta vez vamos a añadir un poco más de ritmo. Es más fácil tocar todas las cuerdas al mismo tiempo de una sola vez que tratar de tocarlo con los dedos por separado. Observa que el patrón del ritmo varía de notas de menor duración a notas de mayor duración. Esto crea dos ideas importantes: te da la oportunidad de descansar y la música tiene la oportunidad de *respirar*.

Nueva mañana - Guitarra 1 - Ejemplo 2

La guitarra punteada

Como se mencionó anteriormente la guitarra punteada toca una escala de LA (A) mayor pentatónica con un arpegio de MI (E) (solamente sobre el acorde de MI [E]). La nota SOL♯ (G♯) es el tercer intervalo del acorde de MI (E) y por lo tanto funciona perfectamente sobre el acorde de MI (E). En este ejemplo el SOL♯ (G♯) funciona como la nota objetivo. Una *nota objetivo* es una nota que ocurre al final de una frase melódica, suena bien al oído, y generalmente, suele tener un valor rítmico mayor. Los tonos de acordes son notas objetivo perfectas.

Ejemplo 1

En este ejemplo vamos a tocar la escala de LA (A) mayor pentatónica. Ésta es una demostración perfecta de cómo practicar y cómo usar el tema musical de práctica para que te ayuden a desarrollar ideas. Comenzamos tocando notas negras y después cambiamos a corcheas. Para esto hace falta un poco de control. Alterna la forma de puntear cuando toques el ejercicio.

Ejemplo 2

El *Ejemplo 2* se deriva también de la escala de LA (A) mayor pentatónica, aunque cuando practiques puedes usar otras escalas, arpegios, *etc*. Ésta es la mitad de la parte superior del cuadro del patrón que se toca con corcheas. De nuevo, alterna la forma de puntear cuando toques el ejercicio.

Observa la falta de melodía en los *Ejemplos 1* y *2*. El uso de notas objetivo expandirá tu melodía y hará que parezcas más creativo. Aunque la intención de los *Ejemplos 1* y *2* es enseñarte cómo y qué practicar, el propósito final es crear música.

Ahora toca al mismo tiempo que el tema musical de ensayo.

Nueva mañana - Guitarra 2

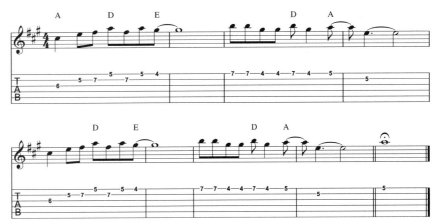

Nueva mañana - Guitarra 2 - Ejemplo 1

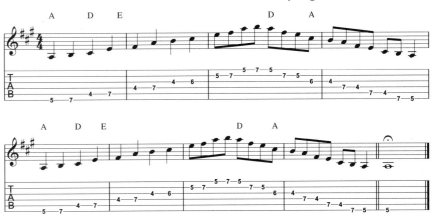

Nueva mañana - Guitarra 2 - Ejemplo 2

Contigo

La canción

Las estaciones de radio universitarias influenciaron al *rock and roll* en la década de los 90. Una de las bandas que consiguió el éxito de la noche a la mañana debido a este fenómeno fue Hootie and the Blowfish. La canción *Contigo* está basada en el sonido pop-comercial de esta banda. Es otro ejemplo de una canción de *rock* que usa I–IV–V, aunque esta vez estamos en la tonalidad de SOL (G) mayor. La parte de la guitarra punteada es también un excelente ejemplo de dónde comenzar cuando empieces a tocar melodías.

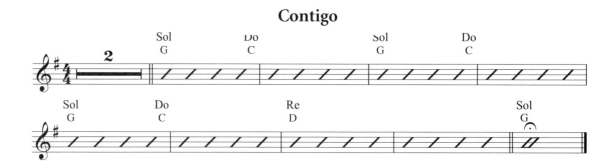

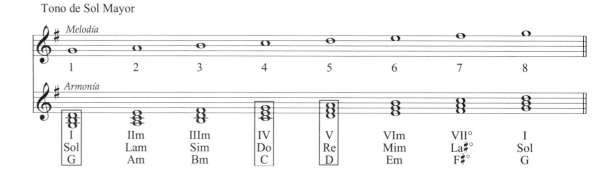

Contigo

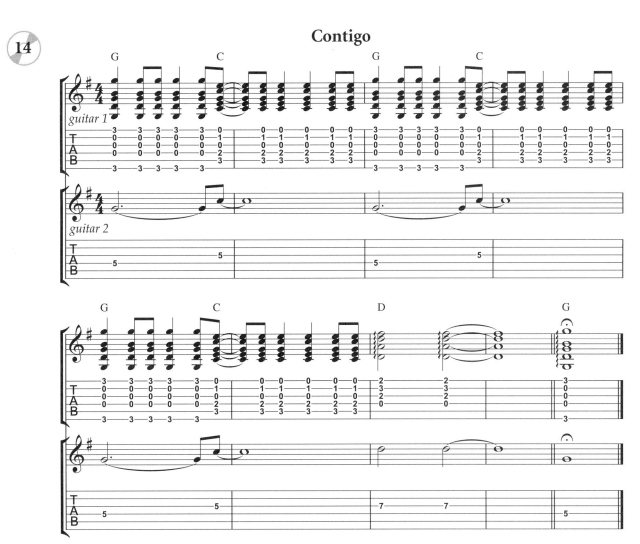

15 La guitarra marcante

Este estilo se toca a veces con una guitarra acústica aunque una guitarra eléctrica que suene de forma clara también se puede usar. La guitarra marcante principal toca acordes de la primera posición. Fíjate también en la *anticipación* que se usa con el acorde de DO (C) (tratamos la anticipación en *Nueva mañana*).

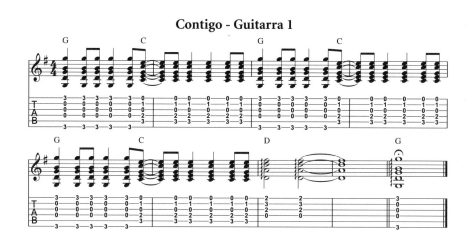

Ejemplo 1

Esta canción se toca a tiempo bastante rápido. Así que si no tienes experiencia con este estilo trata entonces de tocar los acordes sólo cuando cambien. Una vez que te sientas cómodo con el *Ejemplo 1* pasa al *Ejemplo 2*.

Ejemplo 2

Esta vez tocaremos notas negras excepto en el acorde de DO (C) anticipado. Practicar de esta manera te ayudará a obtener control sobre tu sentido del ritmo.

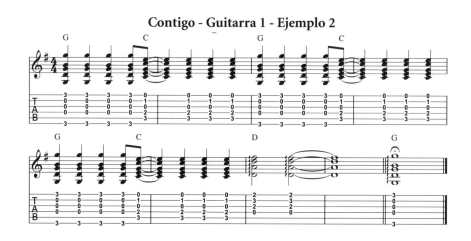

La guitarra punteada

La parte de la guitarra punteada es un ejemplo de una frase melódica básica. Simplemente tocaremos aquí la nota tónica de cada acorde; pero recuerda tocar con autoridad. Lo importante no es tanto la sencillez o dificultad de un pasaje, pero la manera de tocarlo.

Ejemplo 1

Esta vez vamos a tocar una melodía similar usando la tercera de cada acorde. Observa que la melodía tiene un sonido interesante y funciona muy bien en este contexto. La tónica es siempre el tono de acorde más seguro de usar, así al incorporar la tercera creamos un color diferente a la frase completa.

Ejemplo 2

El *Ejemplo 2* demuestra una frase melódica creada al usar arpegios. Cuando llegamos al acorde de Do (C) la primera vez usa la tónica en la melodía. La segunda vez que llegamos al acorde de Do (C) usamos la tercera en la melodía. Esto crea una variación en las frases melódicas y tan sólo hemos cambiado una nota.

Ahora toca al mismo tiempo que el tema musical de ensayo.

Bailaré con Selena

La canción

Bailaré con Selena recuerda a la ya fallecida estrella del tex-mex, Selena Quintanilla. Esta canción en el estilo de cumbia está en la tonalidad de LA (A) mayor y usa la progresión de acordes I–IIm7–IIIm7. Aunque a la cumbia se le identifica tradicionalmente con Colombia, este estilo musical ha influenciado muchas culturas que la han adaptado para hacerla suya. En este caso en particular, la cumbia al estilo tex-mex, tiene una influencia del *reggae*. Esto está claro en el movimiento de la línea del bajo y el extraño patrón de la guitarra marcante. Además, la guitarra punteada dobla la línea del bajo lo que crea un potente patrón rítmico.

Bailaré con Selena

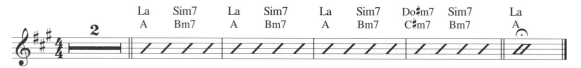

Tono de La Mayor

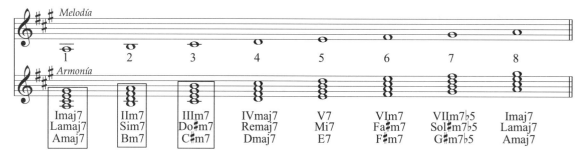

Bailaré con Selena

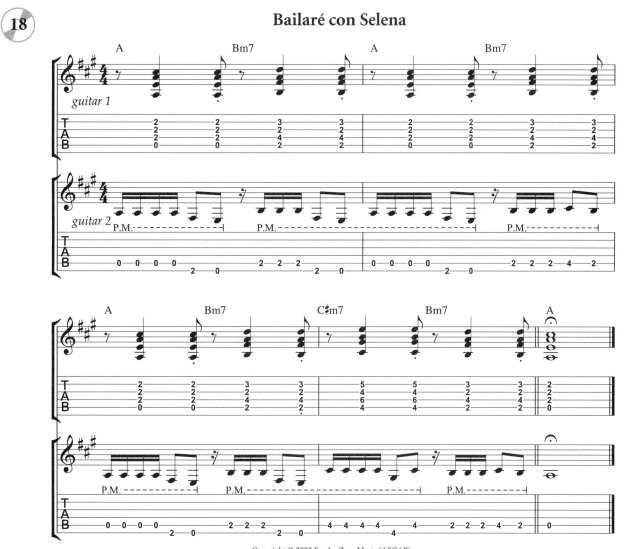

19 **La guitarra marcante**

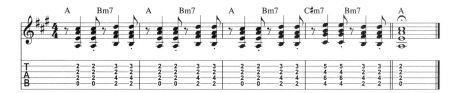

Bailaré con Selena - Guitarra 1

El patrón que toca la primera guitarra cae en el golpe debil de cada tiempo, esto es muy común en el *reggae*. Además, los acordes menores, usan una forma de acorde con cejilla común con el que debes familiarizarte. Estas formas de acordes te permiten tocar acordes por todo el mástil o diapasón sin tener que aprender una nueva digitación.

Ejemplo 1

El *Ejemplo 1* presenta inversiones de acordes. En este ejercicio tocamos acordes en un registro mayor. Esto sería en realidad un patrón rítmico al estilo del *reggae*.

Bailaré con Selena - Guitarra 1 - Ejemplo 1

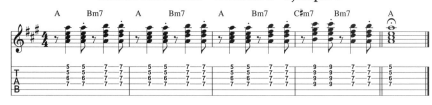

Ejemplo 2

El *Ejemplo 2* está inspirado en el patrón del güiro que se usa en la cumbia del estilo colombiano.

Bailaré con Selena - Guitarra 1 - Ejemplo 2

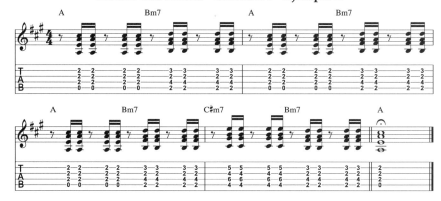

20 La guitarra punteada

Como se dijo anteriormente, la guitarra punteada dobla la línea del bajo. En esta parte se usa la palma de la mano para ensordecer el sonido. *La palma de la mano para ensordecer el sonido* (P.M., por sus siglas en inglés) ocurre cuando pones la mano derecha a la altura del puente de la guitarra y descansas ligeramente la mano en las cuerdas. Esto crea un sonido de percusión. Cuando veas *P.M.* en la notación de la música indica que el pasaje se debe tocar con la palma de la mano para ensordecer el sonido.

Bailaré con Selena - Guitarra 2

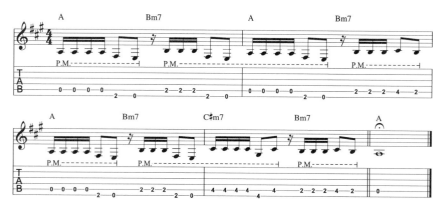

Ejemplo 1

El *Ejemplo 1* demuestra pasajes ascendentes y descendentes. La escala de LA (A) mayor se toca con corcheas. Recuerda alternar el punteo hacia arriba y hacia abajo.

Bailaré con Selena - Guitarra 2 - Ejemplo 1

Ejemplo 2

El *Ejemplo 2* demuestra también los mismos tipos de pasajes que usan semicorcheas durante los primeros dos compases. Los últimos dos compases demuestran un patrón ascendente de semicorcheas que saltan en terceras. El *salto de tercera* es una secuencia común de la escala que puede usarse como ejercicio de calentamiento o, en este caso, como una variación ascendente.

Bailaré con Selena - Guitarra 2 - Ejemplo 2

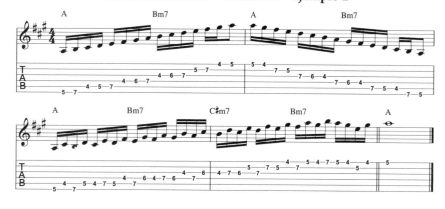

21 Ahora toca al mismo tiempo que el tema musical de ensayo.

Bluesero rockero

La canción

No podemos hablar del rock sin mencionar el *blues*. La música de blues fue una influencia primordial para el *rock and roll*. *Bluesero rockero* está pensado en el estilo de una de las bandas de rock más grandes de la historia: The Rolling Stones. Es común en la música de *blues* cambiar los acordes mayores usados en la progresión I–IV–V a acordes de séptima dominante. Fíjate también en las notas adicionales que toca la guitarra punteada.

Bluesero rockero

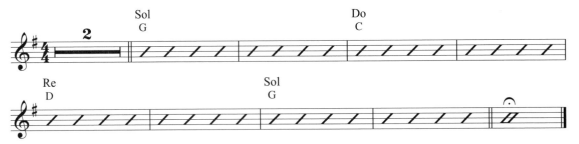

Tono de Sol Mayor

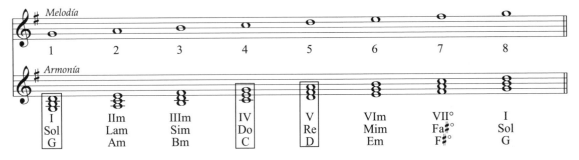

Bluesero rockero

23 **La guitarra marcante**

El patrón de la guitarra comienza con negras pero después se cambia a un patrón sincopado. Esta técnica la usa mucho el guitarrista Keith Richards.

Bluesero rockero - Guitarra 1

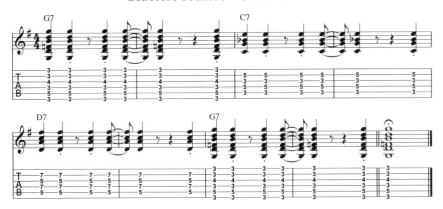

Ejemplo 1

El *Ejemplo 1* demuestra un patrón de guitarra marcante para este estilo. Este patrón se anota con corcheas, sin embargo, estas corcheas deben tocarse creando una sensación de tresillos. La sensación de tresillos se denomina en inglés *shuffle*.

Bluesero rockero - Guitarra 1 - Ejemplo 1

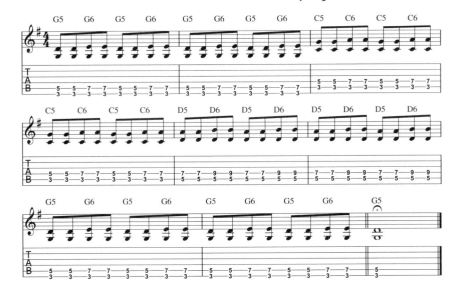

Ejemplo 2

Algunas partes rítmicas reciben inspiración de otros instrumentos; por ejemplo, en este ejercicio la guitarra marcante trata de copiar el sonido y la sensación de una sección de metales. Los acordes de dos notas que toca la guitarra siguen el mismo patrón rítmico que la parte principal de la guitarra marcante. Piensa en trompetas y saxofones cuando toques esta parte. A propósito, estos acordes de dos notas se les conoce con el nombre de dos tonos y se tratan en la parte de la guitarra punteada.

Bluesero rockero - Guitarra 1 - Ejemplo 2

La guitarra punteada

La parte de la guitarra punteada comienza con anacrusa antes de llegar a las frases de *dos tonos*. El término dos tonos se refiere a cuando pisas dos notas al mismo. Chuck Berry usaba mucho esta técnica tratando de imitar a su pianista Johnnie Johnson.

Bluesero rockero - Guitarra 2

Ejemplo 1

El *Ejemplo 1* usa intervalos para la parte de la guitarra punteada. Un *intervalo* es la distancia entre dos notas. En este ejemplo la distancia entre las dos notas es una sexta. La notación indica *"let ring"* y esto significa que debes dejar que las notas suenen juntas (escucha el CD). Las sextas son dos tonos comunes que se usan en *blues* y *rock*. Intenta tocar estas sextas con el patrón rítmico que se usa en la parte principal para la guitarra marcante.

Bluesero rockero - Guitarra 2 - Ejemplo 1

Ejemplo 2

El *Ejemplo 2* simplemente sustituye el tercer intervalo por el sexto intervalo que se usa en el ejercicio anterior.

Ahora toca al mismo tiempo que el tema musical de ensayo.

Bluesero rockero - Guitarra 2 - Ejemplo 2

Beso dulce

La canción

Beso Dulce está en el estilo de vallenato moderno que ha popularizado Carlos Vives. Esta canción usa la progresión de acordes Im–V7 en la tonalidad de LA (A) menor o, para ser más exacto, LA (A) menor armónica.

¿Cómo sabemos la diferencia entre una menor natural y una armónica natural? El V acorde en LA (A) menor es menor así que cuando veas una progresión de acorde menor donde el acorde V es dominante, entonces sabes que estás en una armónica menor. La diferencia entre ambas tonalidades es el grado séptimo inalterado de la escala menor armónica (recuerda que la escala menor natural tiene los grados 3, 6, y 7 de la escala bajados medio tono).

Beso dulce

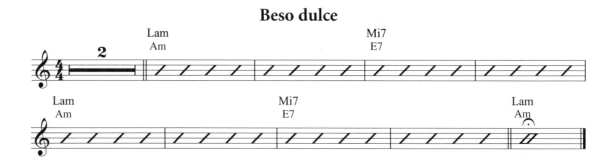

Tono de La Menor Armónico

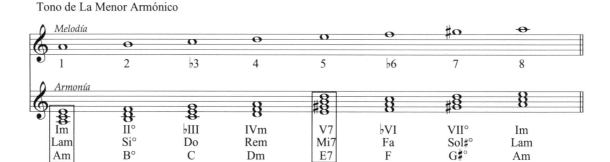

	Im	II°	♭III	IVm	V7	♭VI	VII°	Im
	Lam	Si°	Do	Rem	Mi7	Fa	Sol♯°	Lam
	Am	B°	C	Dm	E7	F	G♯°	Am

Beso dulce

La guitarra marcante

La parte de la guitarra marcante se puede tocar con los dedos o con una *plumilla*[3]. Es más efectivo usar una plumilla si tocas esta parte en una guitarra eléctrica. Recuerda que *"let ring"* sugiere que dejes que las notas suenen juntas.

Beso dulce - Guitarra 1

Ejemplo 1

El *Ejemplo 1* es una versión más fácil de la parte principal de la guitarra marcante.

Beso dulce - Guitarra 1 - Ejemplo 1

Ejemplo 2

El *Ejemplo 2* demuestra una versión de rock de la parte de la guitarra marcante que incluye quintas y distorsión. Observa que el patrón rítmico no perjudica la integridad de la frase. Este ejemplo puede parecer moderno a algunos y no tan bueno a otros, todo depende del gusto particular de cada persona.

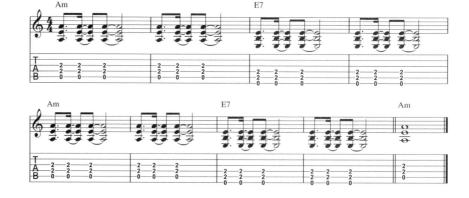

Beso dulce - Guitarra 1 - Ejemplo 2

---

[3] Para los propósitos de este libro, se le llamará *plumilla* a la uña o *púa*.

28 La guitarra punteada

Esta parte de guitarra usa modos
para crear las frases melódicas. Un
modo es una escala dentro de una
escala; es decir, cuando usas las mismas notas de una escala pero
comienzas en un grado diferente de
la escala. Por ejemplo, la escala de LA
(A) menor natural comparte las mismas notas exactamente que la escala
de DO (C) mayor. Por esta razón la
escala de LA (A) menor natural es un
modo de la escala de DO (C) mayor.
Veremos esto de forma más clara en
el *Ejemplo 2*.

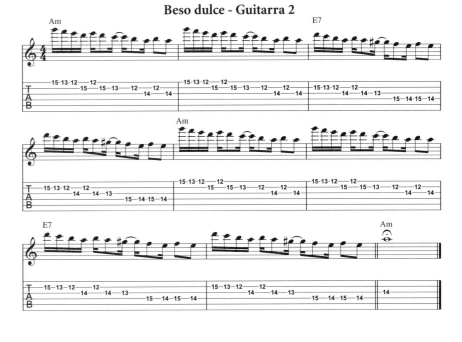

Ejemplo 1

La guitarra simplemente toca los
respectivos arpegios de los acordes.
Es importante conocer el mástil o
diapasón de tu guitarra; eso incluye
acordes, escalas y arpegios.

Ejemplo 2

El *Ejemplo 2* demuestra el uso de los
modos al tocar el modo sobre el
acorde. Para el acorde de LA (A)
menor tocamos el modo frigio de MI
(E). Si cambiamos la nota SOL (G) a
SOL♯ (G♯) entonces el sonido del
modo cambia también. En este caso
el modo frigio de MI (E) se convierte
en el modo de MI (E) frigio dominante. Yngwie Malmsteen usaba esta
técnica tanto que se convirtió en su
sonido característico.

29 Ahora toca al mismo tiempo que el
tema musical de ensayo.

El punkero

La canción

Shakira ha usado con éxito diversos elementos musicales para crear un estilo único al romper (en un claro estilo rockero) las reglas del juego. En la canción *Objection* (de su álbum *Servicio de lavandería*), mezcló el tango argentino con el *punk rock* británico. *El punkero* se concentra en ese último estilo y demuestra un par de técnicas populares durante el proceso. Aquí exploraremos más quintas, frases armónicas y arpegios en la tonalidad de SI (B) menor. La progresión de acordes I5–♭VII5 es la que se usa para esta canción.

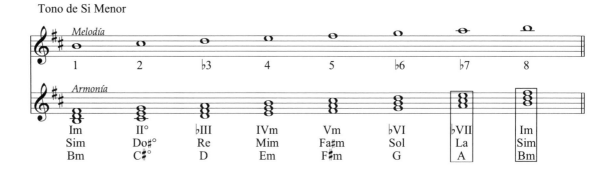

El punkero

(31) La guitarra marcante

Como se prometió, quintas con distorsión. Rasguea hacia abajo para el patrón de corcheas aunque te parezca difícil a esa velocidad.

El punkero - Guitarra 1

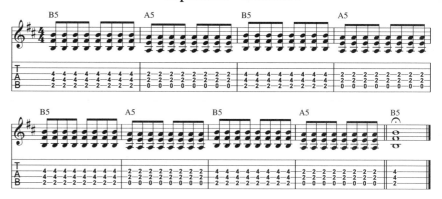

Ejemplo 1

El *Ejemplo 1* usa notas redondas para acostumbrarte a las posiciones de los acordes y al sonido del tema. También puedes tratar de tocar notas blancas.

El punkero - Guitarra 1 - Ejemplo 1

Ejemplo 2

El *Ejemplo 2* demuestra esta canción con patrón rítmico de notas negras. Sí, este ejercicio se toca rasgueando hacia abajo. El rasgueo hacia abajo es esencial para capturar la mentalidad *rockera* necesaria de este estilo y en el *punk rock*, todo es mentalidad *rockera*.

El punkero - Guitarra 1 - Ejemplo 2

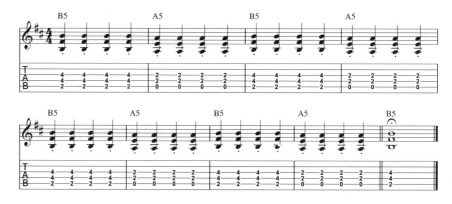

32 **La guitarra punteada**

Las frases armónicas son una manera efectiva de crear melodías memorables, partes de guitarra interesantes, patrones de canciones reconocibles, *etc*. La guitarra punteada toca una frase armónica compuesta solamente de cuatro tonos, pero observa de qué forma tan efectiva crean una parte de guitarra interesante.

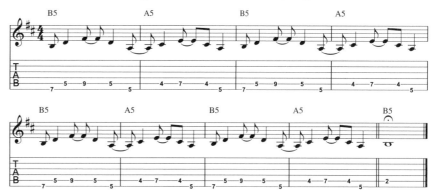

El punkero - Guitarra 2

Ejemplo 1

En el *Ejemplo 1* creamos una grata frase armónica al usar arpegios y un patrón rítmico sincopado. Comprender algo de armonía es importante para crear frases. La guitarra marcante toca quintas y la quinta no define claramente la cualidad del acorde. (La *cualidad del acorde* significa si el acorde es mayor, menor o dominante). Aquí es donde es bueno tener a mano el diagrama de armonía.

El punkero - Guitarra 2 - Ejemplo 1

Ejemplo 2

El *Ejemplo 2* es una frase melódica que se crea al usar una escala de Sɪ (B) menor pentatónica sobre el acorde de Sɪ5 (B5) y el arpegio de Lᴀ (A) mayor sobre el acorde de Lᴀ5 (A5). Las mismas técnicas que usamos para las frases armónicas pueden usarse para las frases melódicas.

33 Ahora toca al mismo tiempo que el tema musical de ensayo.

El punkero - Guitarra 2 - Ejemplo 2

Aquí ando

La canción

Aquí ando demuestra algunas de las maneras más sofisticadas de tocar la guitarra que se encuentran en este método. En realidad debería de serlo, ya que la inspiración para esta canción viene de la banda Whitesnake. Durante la década de los ochente la posición de guitarrista del grupo la ocuparon varios distinguidos guitarristas como: Steve Vai, Vivian Campbell, Adrian Vandenburgh, y un miembro fundador del grupo John Sykes.

El tema en sí es una simple progresión de acorde I–IV–V en la tonalidad de SOL (G) mayor. Esta vez, sin embargo, toda la banda toca notas adicionales mientras la guitarra punteada trabaja horas extra.

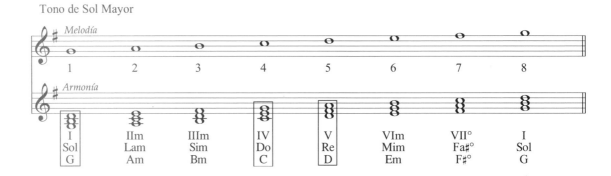

Aquí ando

34

35 La guitarra marcante

Aquí no hay nada realmente nuevo: quintas, distorsión, rasgueos hacia abajo, *etc*. La única nueva técnica, sin embargo, es tocar los silencios. Usa ambas manos para crear los silencios entre los cambios de acordes; es decir, ensordece las cuerdas para prevenir que suenen. Saber cómo y cuándo *no* tocar es tan importante como saber cómo y cuándo tocar.

Aqui ando - Guitarra 1

Ejemplo 1

Aunque se trata de una progresión de sólo tres acordes, los acordes cambian rápidamente. Para prepararte para esto, intenta practicar los acordes al tocarlos sólo cuando cambien, como en este ejercicio.

Aqui ando - Guitarra 1 - Ejemplo 1

Ejemplo 2

El *Ejemplo 2* demuestra esta progresión que se toca con un patrón de corcheas.

Aqui ando - Guitarra 1 - Ejemplo 2

36 La guitarra punteada

Estas frases melódicas que se demuestran aquí, están completamente basadas en la escala de SOL (G) mayor y cada frase se resalta con una nota que se estira y se suelta. Para tocar esta parte limpiamente, se necesita práctica y paciencia para poder tocar entonada la nota que se estira y suelta.

Este estilo de tocar la guitarra requiere bastante determinación. Se recomienda mucho la práctica de patrones de escalas y secuencias (además de los ejercicios que se sugieren) con los temas musicales de práctica que se incluyen en el CD que acompaña este método.

Ejemplo 1

A pesar de que este ejemplo usa arpegios, el enfoque principal es en el uso de la plumilla. Usa la técnica de punteo alternativa y la técnica doble con plumilla para tocar cada nota. Esto hace que las frases melódicas suenen más deprisa de como realmente se tocan. Fíjate también en la técnica del trémolo al final de este ejercicio. Eddie Van Halen es probablemente el mejor guitarrista que usa la técnica del trémolo.

Ejemplo 2

Otra técnica común en este estilo es el uso de tres notas por cuerda. El Ejemplo 2 demuestra una escala de SOL (G) mayor tocada con tres notas por cuerda que usa la técnica del ligado. Un ligado es cuando punteas la cuerda una vez pero pisas fuertemente con un dedo en un traste más arriba. El resultado es una frase seguida (legato). En este ejercicio, pisaremos la cuerda dos veces. Esta técnica de tres notas por cuerda crea un patrón simétrico en el mástil o diapasón que de hecho facilita el toque de ciertos pasajes rítmicos; por eso los seisillos. No te desanimes, toma bastate tiempo el poder tocar todas las técnicas bien.

37 Ahora toca al mismo tiempo que el tema musical de ensayo.

Aqui ando - Guitarra 2

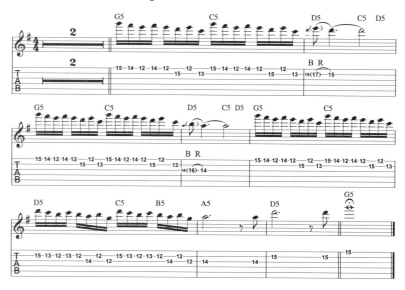

Aqui ando - Guitarra 2 - Ejemplo 1

Aqui ando - Guitarra 2 - Ejemplo 2

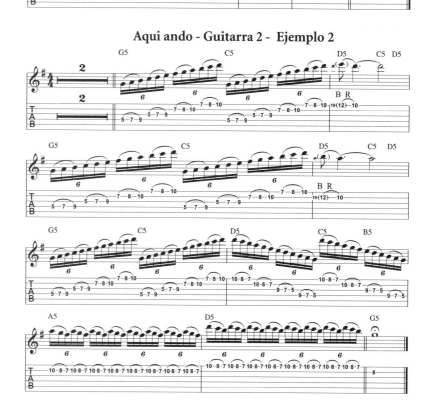

Carlos es bluesero

La canción

Carlos es bluesero es un homenaje al legendario guitarrista Carlos Santana. Esta canción une elementos del estilo de Santana que han influenciado a muchos de los guitarristas actuales. Carlos usa varios modos en su *rock* al estilo *blues* y en este ejemplo, tocaremos en la tonalidad de SOL (G) dórico. SOL (G) dórico es un modo menor que se puede ver como una escala menor natural con un sexto grado alterado. Esto hace que la progresión I–IV–V tenga un sonido algo diferente. En vez de eso, vamos a tocar una progresión Im–IV-Vm7.

Carlos es bluesero

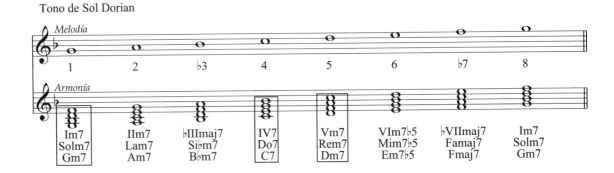

Tono de Sol Dorian

Carlos es bluesero

La guitarra marcante

Fíjate en la síncopa de la guitarra marcante. Además, observa el Re7 (D7) en el último compás. Esta es una técnica común cuando se toca en una tonalidad menor. Al cambiar el acorde de Rem7 (Dm7) a un acorde de Re7 (D7) creamos más tensión y una sensación de finalidad cuando llegamos al acorde de Solm (Gm).

Ejemplo 1

Las síncopas que ocurren en la parte de la guitarra marcante son realmente anticipaciones (tratamos esta técnica en *Nueva mañana*). En este ejercicio vamos a practicar las anticipaciones.

Ejemplo 2

El *Ejemplo 2* demuestra un patrón de estilo montuno similar al que se usa en la música de salsa. Este patrón usa arpegios y anticipaciones para crear el sonido que tradicionalmente toca un pianista de una banda de salsa.

40 La guitarra punteada

Esta parte está formada completamente de frases basadas en la escala de SOL (G) dórica. Podemos crear sonidos interesantes sincopando simplemente el ritmo (fíjate en los tresillos de negra en el tercer compás). Además, terminamos la frase con un patrón de escala descendente.

Carlos es bluesero - Guitarra 2

Ejemplo 1

El *Ejemplo 1* demuestra la escala dórica que se toca con la técnica de tres notas por cuerda de la que se trató en *Aquí ando*. Experimenta con algunas de las técnicas que se trataron en otras canciones.

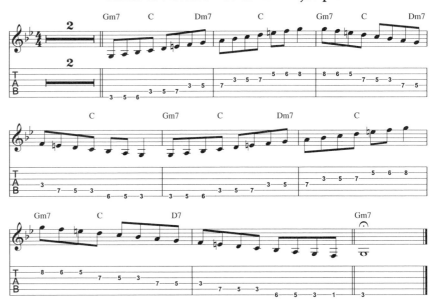

Carlos es bluesero - Guitarra 2 - Ejemplo 1

Ejemplo 2

Carlos mezcla el modo dórico con frases al estilo de *blues* basado en la escala pentatónica menor. Este ejercicio muestra dos tipos de frases ascendentes y descendentes: corcheas y semicorcheas. El ejemplo de corchea debe tocarse usando la técnica de punteo alternativa y los ejemplos de semicorcheas usando ligados (tratados también en *Aquí ando*).

41 Ahora toca al mismo tiempo que el tema musical de ensayo.

Carlos es bluesero - Guitarra 2 - Ejemplo 2

Salsita de tomate

La canción

Los ritmos latinos son especialmente populares en el *rock pop* y el *rock* bailable. *Salsita de tomate* está basado en el moderno sonido de Las Ketchup y su éxito *Aserejé*. La progresión de acordes está en la tonalidad de MI (E) menor y recuerda a la rumba española.

Salsita de tomate

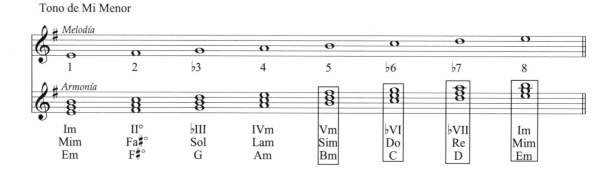

Tono de Mi Menor

Salsita de tomate

43 **La guitarra marcante**

La parte de la guitarra marcante se toca usando acordes de cejilla y anticipaciónes.

Salsita de tomate - Guitarra 1

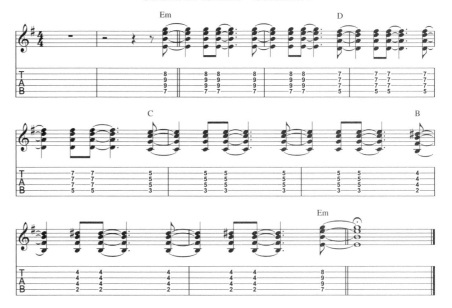

Ejemplo 1

Una vez más, solamente practicamos el cambio apropiado de acordes. En realidad esto funciona bien como parte de guitarra marcante y crea un contraste con la parte original.

Salsita de tomate - Guitarra 1 - Ejemplo 1

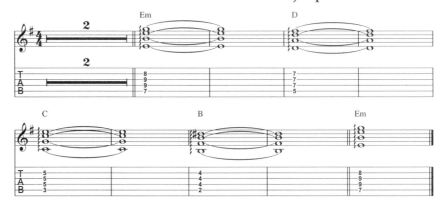

Ejemplo 2

El *Ejemplo 2* crea incluso otra variación. Aquí contestamos el ritmo de nota redonda con un arpegio. Mientras mantienes el acorde simplemente toca la nota de la segunda cuerda, seguida de la tercera cuerda y por último la cuarta cuerda. El ritmo que se crea en este compás usa los tres lados de la clave; un sonido muy latino.

Salsita de tomate - Guitarra 1 - Ejemplo 2

44 ## La guitarra punteada

Observa que cada frase comienza con una anticipación. Además, cada frase está basada en el arpegio respectivo de cada acorde, a excepción del acorde de DO (C). La frase rítmica que se toca durante el acorde de DO (C) se toca en la tónica del acorde. Esto rompe la frase del arpegio que hemos estado escuchando y demuestra lo potente que puede ser una línea rítmica.

Salsita de tomate - Guitarra 2

Ejemplo 1

El *Ejemplo 1* es una frase más sencilla para aquellos que les parece que la parte de la guitarra punteada les resulta un poco difícil por ahora. A propósito, no es que la frase sea difícil, pero lo complicado es tocarla a la velocidad indicada.

Salsita de tomate - Guitarra 2 - Ejemplo 1

Ejemplo 2

También puedes mezclar arpegios con diferentes escalas como hablamos anteriormente en *Carlos es bluesero*. En este ejercicio tocaremos escalas pentatónicas mayores y menores sobre los acordes. Una vez que domines estos patrones de forma que *se lo sepan los dedos* intenta poner el tema musical de práctica para que se repita en el CD y combina las escalas con los arpegios para crear tus propias ideas.

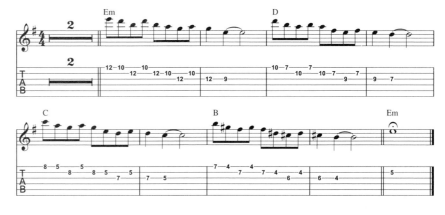

Salsita de tomate - Guitarra 2 - Ejemplo 2

45 Ahora toca al mismo tiempo que el tema musical de ensayo.

Esto es al amor

La canción

La próxima canción está en la tonalidad de LA (A) lidia. En realidad LA (A) *lidia*, puede entenderse como una escala mayor de LA (A) con el cuarto grado aumentado. El modo lidio crea un sonido más brillante que la escala mayor. Además, la progresión de acordes tiene un sonido único. *Esto es el amor* recuerda los sonidos del sofisticado estilo de *metal* de Whitesnake. El grupo Whitesnake consiguió un gran éxito comercial en la década de los ochenta al usar ideas armónicas sofisticadas para crear canciones originales aptas para la radio. A continuación, vamos a fijarnos más en estas técnicas.

Esto es el amor

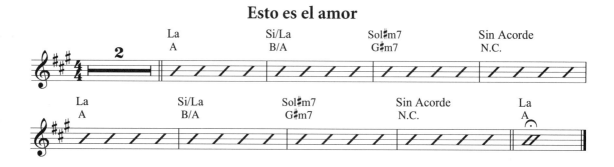

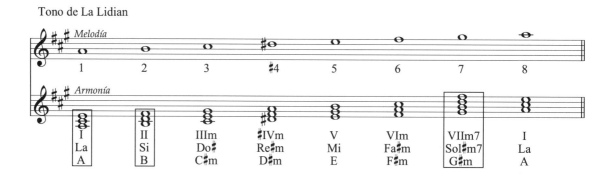

Esto es el amor

47 La guitarra marcante

La progresión de acordes en este ejemplo es I–II–VIIm7. Además, la parte rítmica principal usa el tono pedal durante los primeros dos compases. Un *tono pedal* es una nota común que se usa a través de una serie de cambios de acordes. En este caso el tono pedal es una nota LA (A) y se usa para los acordes de LA (A) y SI (B). Más adelante, en el próximo compás, el tono pedal se baja medio tono y la armonía que se crea es un acorde de SOL♯ (G♯) menor séptima. Básicamente, las técnicas que se usan en esta progresión de acordes son pequeños movimientos de ciertos tonos de acordes mientras se mantienen los tonos de acordes comunes.

Ejemplo 1

La progresión de acordes se toca usando notas redondas. Concéntrate en las pequeñas diferencias que crean los cambios de acordes. Escucha atentamente mientras tocas.

Ejemplo 2

Este ejercicio es similar a la parte principal de la guitarra marcante sin los acordes sincopados. Recuerda que P.M. significa *usar la palma de la mano para ensordecer el sonido* del tono pedal.

Esto es el amor - Guitarra 1

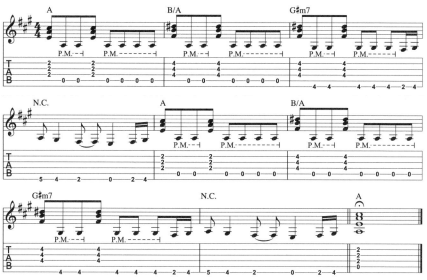

Esto es al amor - Guitarra 1 - Ejemplo 1

Esto es el amor - Guitarra 1 - Ejemplo 2

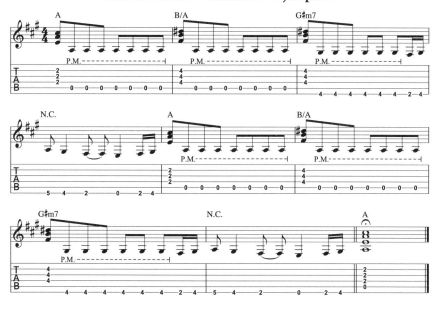

48 La guitarra punteada

No hay nada sofisticado en la parte de la guitarra punteada. Se trata simplemente de una melodía sencilla basada en el modo lidio. Observa además que la nota más alta del motivo melódico es la tónica. Un *motivo* es una frase melódica que se repite con pequeñas variaciones. En este caso, las variaciones son las notas más altas de cada acorde.

Esto es el amor - Guitarra 2

Ejemplo 1

El *Ejemplo 1* demuestra los arpegios.

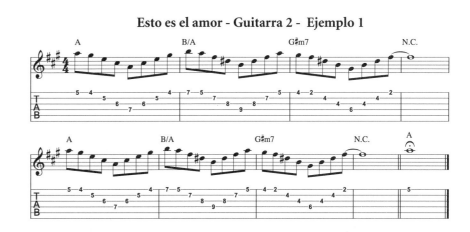

Esto es el amor - Guitarra 2 - Ejemplo 1

Ejemplo 2

El *Ejemplo 2* demuestra cómo se crean los modos. Vamos a tocar aquí un patrón de escala descendente comenzando en la tónica de cada acorde. Cada escala es diatónica a la escala lidia pero cada modo comienza en un grado de la escala diferente. *¿Cuáles son estos grados de las escalas?* Son 1, 2, y 7… los mismo que las progresiones de acordes: I–II–VIIm7.

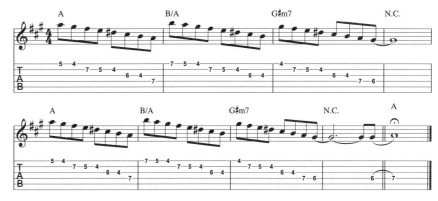

Esto es el amor - Guitarra 2 - Ejemplo 2

49 Ahora toca al mismo tiempo que el tema musical de ensayo.

El rey de los nómadas

La canción

El rey de los nómadas está inspirado en el grupo Gipsy Kings; sin embargo, vamos a tocar con guitarras eléctricas. Esta canción usa una progresión I–IV–V en la tonalidad de FA♯ (F♯) menor y muestra un rasgueo con un patrón de semicorcheas sincopadas. La guitarra puntea-da deriva sus melodías del modo frigio.

El rey de los nómadas

Tono de Fa♯ Menor

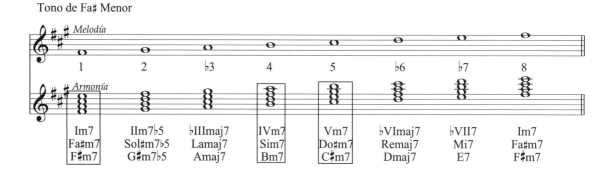

El rey de los nómadas

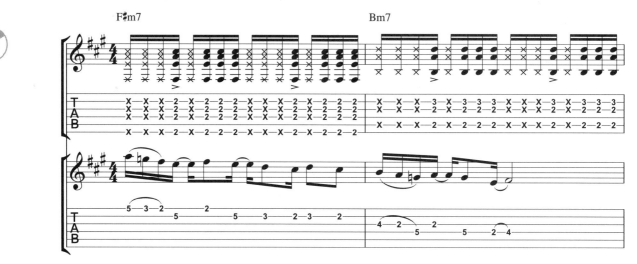

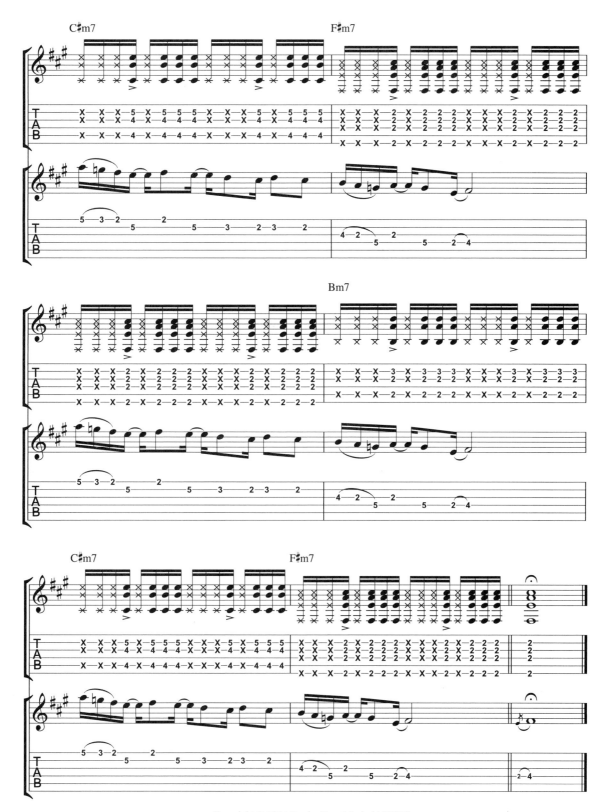

51 La guitarra marcante

Como se mencionó anteriormente, la parte de la guitarra marcante demuestra un patrón de semicorcheas. Muchas de las semicorcheas se ensordecen para crear un efecto particular. Para lograr esto, debes tocar rasgueos continuos de semicorcheas con la mano que usas para tocar las cuerdas. Con la mano que usas en el mástil o diapasón debes mantener ligeramente la postura del acorde en las cuerdas, parar las cuerdas ensordecidas y presionar hacia abajo en los rasgueos acentuados. Esto crea un efecto dramático que no suena tan intruso como dejar que suene el rasgueo de todas las semicorcheas. Al tratar de coordinar esta parte te darás cuenta por lo que tiene que pasar un baterista.

El rey de los nómadas - Guitarra 1

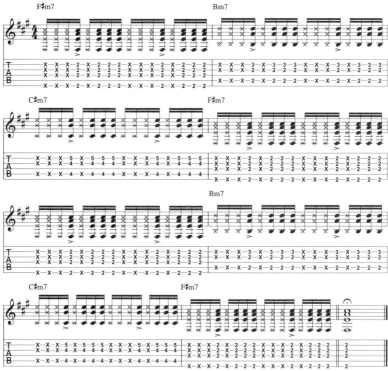

Ejemplo 1

Señoras y señores, a petición popular les traemos de nuevo: ¡las notas redondas!

El rey de los nómadas - Guitarra 1 - Ejemplo 1

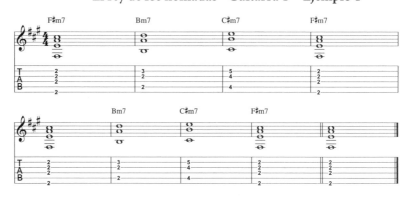

Ejemplo 2

El *Ejemplo 2* demuestra rasgueos sincopados pero con moderación. Esta parte no interfiere con la melodía y debido a que la guitarra eléctrica sostiene de forma natural el sonido más que la guitarra acústica, debemos usarlo como ventaja (por eso es que se usa esta parte de la guitarra en el tema musical de práctica).

El rey de los nómadas - Guitarra 1 - Ejemplo 2

52 La guitarra punteada

Las frases melódicas en esta parte de la guitarra se basan en la escala frigia de FA♯ (F♯). Podemos tomar prestado de otras tonalidades cuando tratamos de crear frases con un sonido único. En este caso, el sonido frigio tiene un sonido exótico y algo latino. La escala frigia puede verse como una escala menor natural con el segundo grado disminuido medio tono. Este ejercicio se toca también usando frases sincopadas de semicorchea.

El rey de los nómadas - Guitarra 2

Ejemplo 1

Los tresillos de negra crean un efecto de polirritmia mientras se usa la escala frigia de FA♯ (F♯) para nuestras alternativas melódicas. Este ejercicio es simplemente un patrón de una escala descendiente; sin embargo, es muy efectivo.

El rey de los nómadas - Guitarra 2 - Ejemplo 1

Ejemplo 2

Estos motivos que se usan en el *Ejemplo 2* son un poco llamativos pero realmente capturan el sonido frigio. Observa que simplemente subimos las frases una octava para crear interés y variación.

Ahora toca al mismo tiempo que el tema musical de ensayo.

El rey de los nómadas - Guitarra 2 - Ejemplo 2

El espíritu joven

La canción

Al final de los ochenta y al principio de los noventa nació un nuevo estilo de *rock and roll*. Seattle se convirtió en el punto principal de un nuevo movimiento musical llamado *grunge*. Muchas bandas nacieron casi instantáneamente, pero un par de bandas definieron este nuevo estilo. Nirvana estaba en el centro del eje de Seattle y su actitud descarada se convirtió en la voz de una nueva generación. *El espíritu joven* rinde homenaje al sonido de Nirvana mientras usa también algunas técnicas populares. La progresión menor I–♭VII–♭VI–V, se usa comúnmente en ambas; la música tradicional latina y el *rock and roll*.

El espíritu joven

Tono de Si Menor

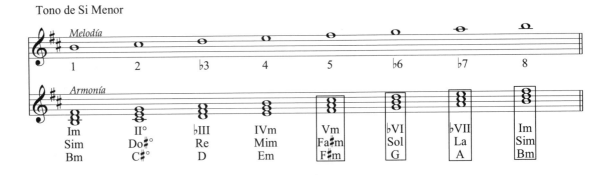

El espíritu joven

55 **La guitarra marcante**

La parte principal de la guitarra marcante muestra un patrón descendente. Este estilo está también basado en la actitud rebelde, así que toca las quintas con actitud desafiante. La frase está basada en un patrón sincopado de semicorchea con rasgueos ensordecidos. Fíjate que los acordes de LA5 (A5) y FA♯5 (F♯5) se tocan en el tiempo débil del compás. Esto se llama *ataque retardado* y se usa aquí para crear tensión e interés.

El espíritu joven - Guitarra 1

Ejemplo 1

Trata de practicar con mentalidad *rockera* mientras tocas el patrón de notas negras en este ejercicio. La parte principal de la guitarra marcante (arriba) contiene algunas técnicas avanzadas, así que puedes usar este ejercicio para practicar los diferentes aspectos de uno en uno.

El espíritu joven - Guitarra 1 - Ejemplo 1

Ejemplo 2

Una vez que te acostumbres al patrón de notas negras puedes tratar de usar la misma técnica con el patrón de corcheas a continuación.

El espíritu joven - Guitarra 1 - Ejemplo 2

56) La guitarra punteada

La frase melódica en este ejercicio está basada en la escala de Sı (B) menor pentatónica. La frase está compuesta de un patrón descendiente mientras llevas a cabo un *ligado*. En este tipo de ligado punteas la cuerda una vez con la plumilla para la primera nota y usas los dedos de la mano del mástil o diapasón para tocar otra nota más baja de tono. Esta técnica bien ejecutada, suena delicada y suave.

El espíritu joven - Guitarra 2

Ejemplo 1

El *Ejemplo 1* es un mejor ejemplo para tocar estos ligados. Esta frase de semicorcheas está basada en el arpegio respectivo de cada acorde. Este solo no es tan difícil como suena, recuerda que en canciones anteriores ya hablamos de la determinación.

El espíritu joven - Guitarra 2 - Ejemplo 1

Ejemplo 2

El *Ejemplo 2* muestra un solo completo. Este ejercicio muestra notas que se estiran en la frase inicial, ligados durante la escala pentatónica menor ascendente, ligados durante los patrones de escala pentatónica menor descendente y por último arpegios de tresillo de notas negras.

57) Ahora toca al mismo tiempo que el tema musical de ensayo.

El espíritu joven - Guitarra 2 - Ejemplo 2

Locos somos

La canción

Locos somos está en el estilo del artista de pop famoso por su *Livin' la Vida Loca*, Ricky Martin. La progresión menor I–IV–V está en la tonalidad de Do (C) natural menor; sin embargo, usaremos la técnica de cambiar el Vm a V7.

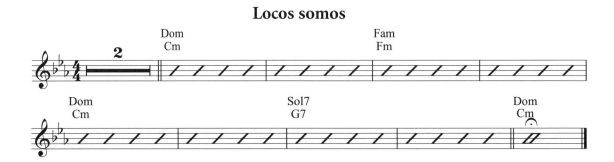

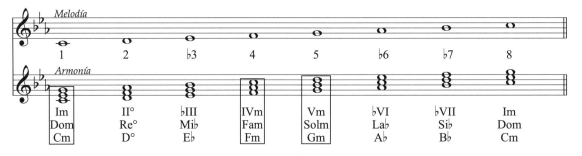

Locos somos

La guitarra marcante

La parte principal de la guitarra marcante usa acordes con cejilla y un
patrón de ritmo sincopado. Este
patrón rítmico se usa comúnmente
en la música.

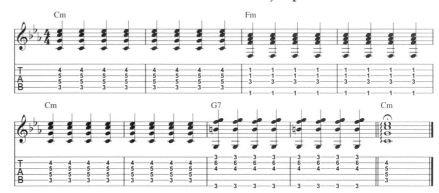

Ejemplo 1

El patrón de notas negras que se
demuestra en este ejercicio sirve en
realidad de ejemplo técnico. Escucha
el CD y observa que aunque este
patrón se toca a la velocidad debida,
realmente no va con la música. Una
cosa importante a recordar es que
cuando toques debe aportar algo a la
música, no restarle a la música o
estorbar a otros músicos.

Ejemplo 2

Observa que no se necesita tanta síncopa para crear una parte rítmica
apropiada. Un poco de síncopa va
muy bien con este estilo.

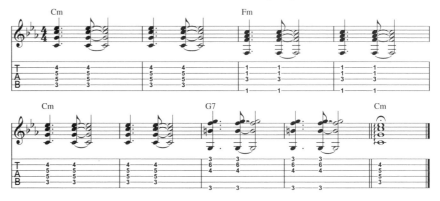

60 La guitarra punteada

A veces se requiere que ambas guitarras toquen patrones rítmicos. En algunos casos es muy efectivo que ambas guitarras toquen la misma parte; esto se conoce como *doblar*. En otros casos, sin embargo es mejor que toquen partes diferentes. La guitarra punteada muestra un patrón arpegiado, sin embargo ambas guitarras se complementan muy bien.

Locos somos - Guitarra 2

Ejemplo 1

El patrón rítmico que se demuestra aquí es exactamente igual al de la guitarra marcante. Este patrón está basado en las frases de estilo montuno que se usan en la música de salsa. Practica este patrón con arpegios y escalas y frases que incluyen elementos de ambos arpegios y escalas. La línea que se toca en este ejercicio está basada en arpegios.

Locos somos - Guitarra 2 - Ejemplo 1

Ejemplo 2

El *Ejemplo 2* muestra una frase de rock basada en la escala pentatónica de DO (C) menor. Observa también el espacio después de cada frase. El silencio también puede crear interés, en especial con la música latina ya que siempre ocurre algo interesante en la sección rítmica.

 61 Ahora toca al mismo tiempo que el tema musical de ensayo.

Locos somos - Guitarra 2 - Ejemplo 2

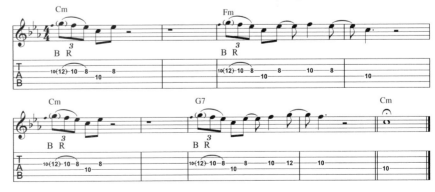

Complicado

La canción

Ultimamente las superestrellas del *rock* son cada día más jóvenes. No tenemos que ir más lejos que la patinadora punk canadiense, Avril Lavigne. *Complicado* está escrita en el estilo de guitarra de Avril. Esta canción tiene una sensación tétrica que usa una progresión de acordes un poco más sofisticada en la tonalidad de RE (D) menor.

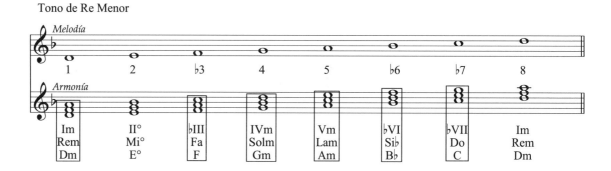

Complicado

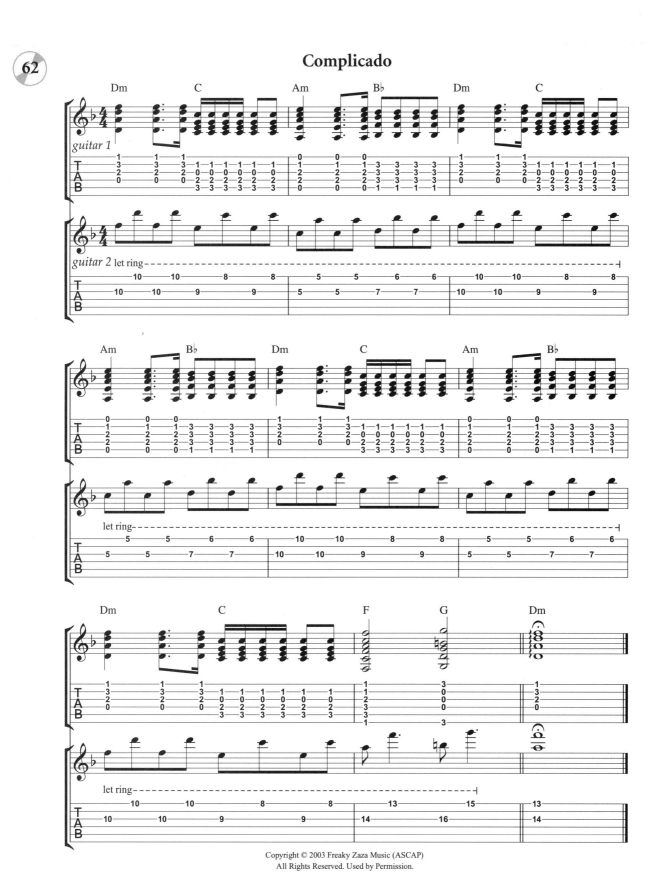

63 La guitarra marcante

La parte principal de la guitarra marcante podría usarse también en una guitarra acústica. Hemos elegido, sin embargo, por un sonido claro de guitarra marcante eléctrica. El patrón del rasgueo presenta algunos retos en cuanto que usa notas negras, corcheas y semicorcheas. También se incluye el ritmo de corchea con puntillo y semicorchea. Fíjate en lo interesante del patrón rítmico cuando mezclas elementos diferentes.

Complicado - Guitarra 1

Ejemplo 1

Aunque antes de este ejercicio hemos tocado patrones rítmicos con notas blancas, es importante que las veamos, simplemente porque tenemos más acordes. Observa que la estructura armónica de esta canción está compuesta de cuatro frases de dos compases cada una, con una variación en la última frase. Debes entrenarte para separar las canciones en secciones y esas secciones en partes con patrones que se repitan.

Complicado - Guitarra 1 - Ejemplo 1

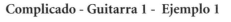

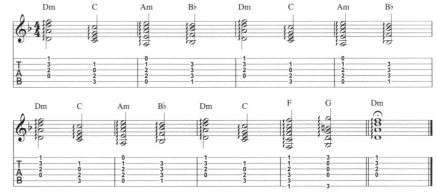

Ejemplo 2

El *Ejemplo 2* es el mismo que el ejemplo anterior excepto con notas negras.

Complicado - Guitarra 1 - Ejemplo 2

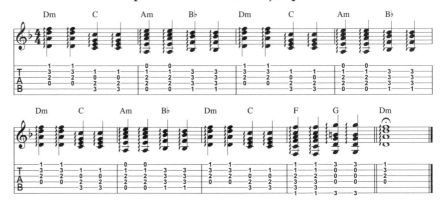

64 **La guitarra punteada**

La parte de la guitarra punteada demuestra el uso de la técnica del sexto intervalo. En realidad está técnica la usó mucho el legendario guitarrista de Motown Steve Cropper. Aunque no es una canción al estilo Motown la técnica funciona muy bien al crear un agradable contraste al patrón de rasgueo de la guitarra marcante. Recuerda que *"let ring"* significa mantener las notas y dejar que suenen juntas.

Complicado - Guitarra 2

Ejemplo 1

El *Ejemplo 1* demuestra el uso de las triadas de estructura superior. Una *triada de estructura superior* es un acorde de tres notas que se toca en las tres primeras cuerdas y el registro más alto de la guitarra. Aquí las tocaremos como acordes de notas blancas. Esto nos ayudará a acostumbrarnos antes de seguir adelante.

Complicado - Guitarra 2 - Ejemplo 1

Ejemplo 2

El *Ejemplo 2* comienza donde el Ejemplo 1 terminó. Crearemos ahora un patrón de corcheas usando las triadas de estructura superior que practicamos en el ejemplo anterior. Observa que los arpegios descendientes crean un efecto de cascada por encima de la guitarra marcante. La guitarra punteada se puede usar también para añadir diferentes texturas.

65 Ahora toca al mismo tiempo que el tema musical de ensayo.

Complicado - Guitarra 2 - Ejemplo 2

78

Los pistoleros con rosas

La canción

Al final de la década de los ochenta y al principio de los noventa el campo de la música se encontraba dominado por un quinteto procedente de Los Ángeles conocido como Guns and Roses. Ninguna banda desde Van Halen (a mediados de los setenta) ha creado tanta conmoción en la industria musical. Guns and Roses tocaban un estilo de *rock and roll* salvaje en el escenario e incluso llevaban un estilo de vida rockero aún más salvaje afuera del escenario. Se sentían enojados, hambrientos, desafiantes y rebeldes; en resumen tenía una mentalidad rockera que impregnaba su música. Esta canción está basada en una frase musical que en inglés se conoce con el nombre de *riff*. Este *riff* se crea de una escala pentatónica de LA (A) menor, sin embargo en este estilo de música es común que se considere como que comienza en la tonalidad de LA (A) mayor. Frecuentemente en *rock and roll* rompes las reglas y aceptas la nueva regla. Así es como ocurre.

Los pistoleros con rosas

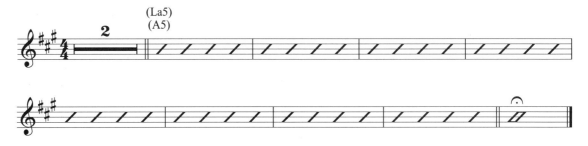

Tono de La Mayor

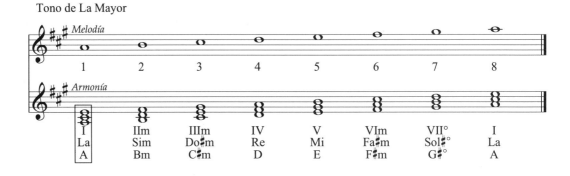

Los pistoleros con rosas

La guitarra marcante

La parte principal de la guitarra mar-cante es, como se dijo anteriormente una frase o *riff* basada en la escala pentatónica de LA (A) menor. Esta frase o *riff* usa un acorde de LA5 (A5) con notas al aire que se tocan con una mentalidad rockera… y distor-sión.

Los pistoleros con rosas - Guitarra 1

Ejemplo 1

El *Ejemplo 1* demuestra la frase o *riff* que se toca solamente con notas sueltas.

Los pistoleros con rosas - Guitarra 1 - Ejemplo 1

Ejemplo 2

El *Ejemplo 2* muestra la frase o *riff* con un LA5 (A5) que se toca como una nota negra en el primer golpe de cada compás. Ésta es una versión más sencilla de la frase o *riff* principal.

Los pistoleros con rosas - Guitarra 1 - Ejemplo 2

68 La guitarra punteada

La parte de la guitarra punteada demuestra la escala de *blues* de LA (A) menor. Esta escala es simplemente la escala pentatónica de LA (A) menor con un intervalo ♭5. De nuevo usamos la técnica del puntear doble cada nota para crear la ilusión de una frase más rápida. Si te parece un poco difícil al principio, intenta usar notas negras en vez de corcheas.

Los pistoleros con rosas - Guitarra 2

Ejemplo 1

El *Ejemplo 1* demuestra los ligados en un patrón de seisillos que se repite. Fíjate que el patrón cambia cada compás, pero puedes intentar practicar un patrón cada vez. Este tipo de *riff-rock* es la plataforma perfecta para una ardiente guitarra con la que no decepcionarás al público.

Los pistoleros con rosas - Guitarra 2 - Ejemplo 1

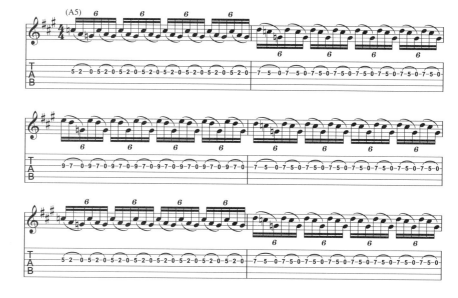

Ejemplo 2

El *Ejemplo 2* muestra otra llamativa frase de guitarra. Este patrón de semicorcheas se toca en las dos primeras cuerdas de la guitarra. Las notas son de la escala de LA (A) menor pentatónica. El guitarrista de Ozzy Osbourne, Zakk Wylde, fue la inspiración para esta frase.

Ahora toca al mismo tiempo que el tema musical de ensayo.

Los pistoleros con rosas - Guitarra 2 - Ejemplo 2

La carioca

La canción

La carioca se basa en los ritmos de baile que se encuentran en Brasil y Colombia. Los ritmos de la lambada se mezclan con una línea de bajo que tiene un estilo de cumbia y con percusión inspirada en África para crear una frase bailable que reinó en las primeras posiciones de las listas de *pop* al principio de la década de los noventa. La armonía de esta canción se crea sobre la escala de LA (A) menor armónica; sin embargo, la melodía va y viene entre la escala de LA (A) menor natural y la escala de LA (A) menor armónica. A continuación vamos a ver esta técnica más profundamente.

La carioca

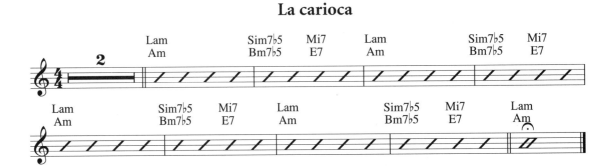

Tono de La Menor Armónico

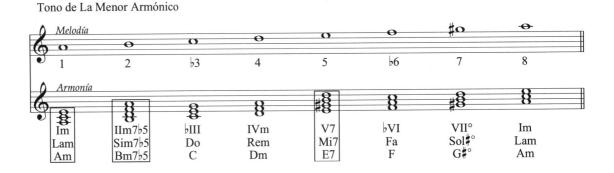

La carioca

(71) La guitarra marcante

La parte de la guitarra marcante principal demuestra un patrón rítmico que ocurre en el acento débil. Esto es común en la música tropical.

La carioca - Guitarra 1

Ejemplo 1

El *Ejemplo 1* se toca con notas redondas y blancas.

La carioca - Guitarra 1 - Ejemplo 1

Ejemplo 2

El *Ejemplo 2* demuestra un patrón de corchea que usa arpegios. Este ejercicio se puede tocar con una plumilla o con los dedos. Recuerda dejar que las notas suenen juntas.

La carioca - Guitarra 1 - Ejemplo 2

72 La guitarra punteada

En el primer compás la frase se basa en la escala de LA (A) menor natural y en el segundo compás la frase se basa en la escala de LA (A) menor armónica. El pequeño cambio en la tonalidad crea tensión y engaña al oído a pensar que no ha habido un cambio. Esta es una técnica avanzada que se usa en la composición y la improvisación.

Ejemplo 1

El *Ejemplo 1* muestra un línea básica de tono guía. Un *tono guía* es la nota más importante en el acorde y en la mayoría de los casos es el intervalo tercero o séptimo. El tono guía básico que se ilustra aquí no es tan interesante en sí mismo. Los tonos guía generalmente sirven de notas objetivo y están rodeadas de escalas y notas de transición. Este ejemplo está pensado para usarse como ejercicio para escuchar; es decir, escucha el sonido creado por el tono guía contra el acorde subyacente.

Ejemplo 2

Este ejemplo demuestra otra línea de tono guía que se toca con notas negras. En este caso la melodía se crea mayormente por tonos guía con algún que otro tono de acorde. De nuevo, escucha la línea melódica para después tratar de crear tus propias melodías usando tonos guía, tonos de acorde y tonos de escalas.

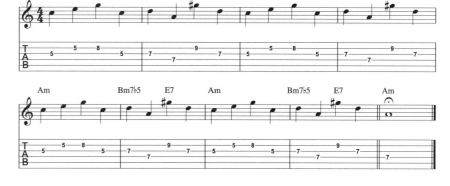

73 Ahora toca al mismo tiempo que el tema musical de ensayo.

El hip hop de Jenny

La canción

El *hip hop de Jenny* se basa en el estilo de hip hop de Jennifer López. Al principio del *hip hop*, este estilo de tocar la guitarra estaba dominado mayormente por guitarristas de *jazz*. Parecía que sólo los guitarristas de *jazz* eran capaces de tener la suficiente moderación para tocar este estilo de música. Básicamente el *hip hop* requiere que el guitarrista se modere y toque de vez en cuando usando frases. Esto proporcionará suficiente espacio para permitir que la música respire.

Esta canción está compuesta de una progresión de dos acordes en la tonalidad de SOL♯ (G♯) menor. Una progresión repetitiva, como ésta, es muy común en *hip hop*. En inglés una progresión repetitiva se conoce por el nombre de *vamp*.

El hip hop de Jenny

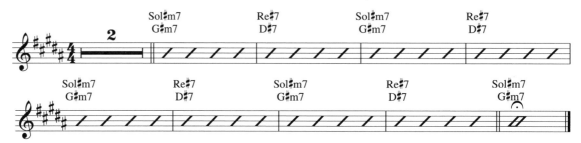

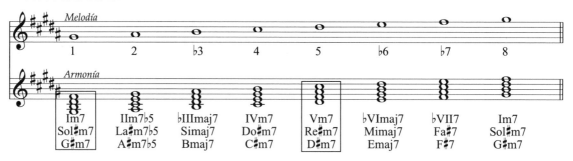

El hip hop de Jenny

75 La guitarra marcante

Observa que el patrón de semicorcheas sincopadas ocurre en la
segunda parte del compás. El patrón
de rasgueo debe simplemente ayudar
al movimiento de la frase y no inter-
ferir con la corriente del ritmo.

El hip hop de Jenny - Guitarra 1

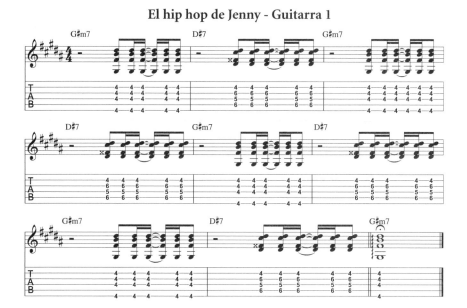

Ejemplo 1

El *Ejemplo 1* muestra un patrón *backbeat* que es muy común en la música
de *blues* y *jazz*. *Backbeat* significa
hacer énfasis el segundo y cuarto
tiempo de un compás. Si escuchas
con atención la batería, notarás que la
caja o tarola toca también los acentos
segundo y cuarto.

El hip hop de Jenny - Guitarra 1 - Ejemplo 1

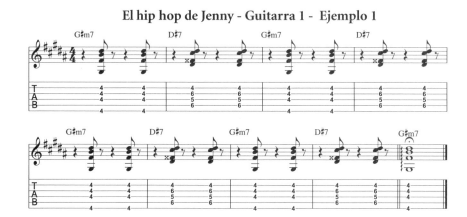

Ejemplo 2

Tocar arpegios en la primera parte
del compás proporciona un efectivo
contrarritmo a la parte del ritmo
principal. Esta parte funcionaría bien
en un arreglo para dos guitarras.
Aquí escuchamos una sola pero te
darás cuenta que añade apoyo y no
estorba a otra guitarra punteada o
marcante. Recuerda *"let ring"* y las
notas sonarán juntas.

El hip hop de Jenny - Guitarra 1 - Ejemplo 2

76 La guitarra punteada

La parte de la guitarra punteada muestra los elementos de ambos el arpegio y el patrón de tono guía (el tono guía se trató en *La carioca*). Observa el movimiento de medio tono entre las dos frases. La nota en el primer tiempo de cada compás también se puede eliminar lo que resulta en una melodía con un énfasis rítmico más fuerte.

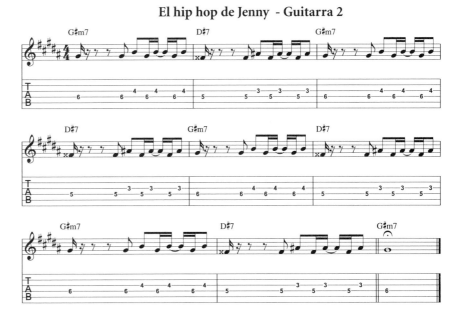

Ejemplo 1

El *Ejemplo 1* muestra las escalas de SOL♯ (G♯) menor y la escala de RE♯ (D♯) mixolidia. La *escala mixolidia* es un modo que se construye en el quinto grado de una escala mayor y se usa comúnmente con acordes de séptima dominante. Fíjate también en la última frase: un patrón de tres notas que se toca contra un ritmo de semicorcheas. El acento cambia a la nota más alta de la frase y crea la ilusión de una polirritmia.

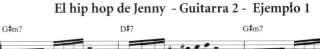

Ejemplo 2

El *Ejemplo 2* es lo mismo que el anterior excepto que esta vez usamos arpegios en vez de escalas. En ambos casos es importante saber que la frase melódica ocurre al principio del compás con la guitarra marcante tocando la segunda mitad del compás. Esto crea una sesión de preguntas y respuestas o un efecto que simula una llamada y su contestación.

77 Ahora toca al mismo tiempo que el tema musical de ensayo.

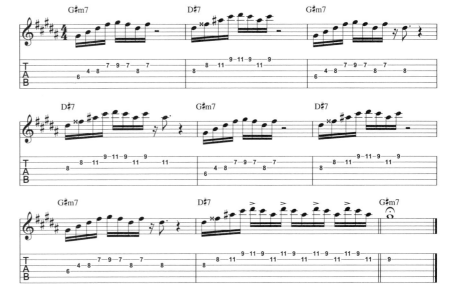

Los pilotos de la piedra

La canción

Los Pilotos de la Piedra es un canción de *hard rock/heavy metal* que rinde homenaje a Stone Temple Pilots. Esta canción es otro ejemplo de *riff-rock* que exploramos en la sección anterior, *Los Pistoleros con Rosas*. Esta vez, sin embargo, estamos en la tonalidad de MI (E) mayor pero la frase del acorde se basa en una escala de MI (E) menor de *blues*. (Recuerda que la escala de MI (E) menor de *blues* se crea al añadir un ♭5 a la escala pentatónica menor.)

Los pilotos de piedra

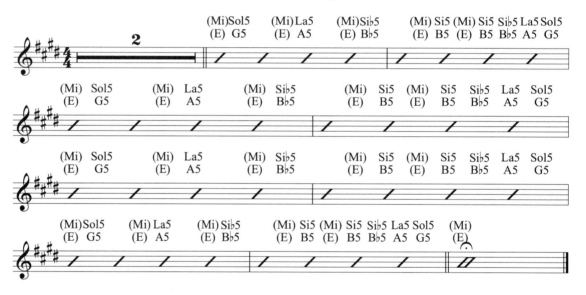

Tono de Mi Mayor

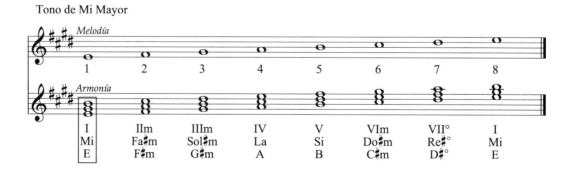

Los pilotos de piedra

La guitarra marcante

La parte principal de la guitarra marcante se toca en la quinta y la sexta
cuerda, y, a excepción de la cuerda al
aire MI (E) (que sirve también de
tono pedal del que se habló en *Esto es
el amor*), vamos a tocar quintas. La
frase que crean las quintas tiene un
sonido gótico que está inspirado en
los primeros maestros del *metal*,
Black Sabbath.

Los pilotos de la piedra - Guitarra 1

Ejemplo 1

Si la parte principal de la guitarra
marcante te parece demasiado difícil,
trata de practicar el *Ejemplo 1*. Este
ejercicio toca la frase en la sexta cuerda solamente. Una vez que te acostumbres al ejercicio, estarás tocando
la parte principal en seguida.

Los pilotos de la piedra - Guitarra 1 - Ejemplo 1

Ejemplo 2

El *Ejemplo 2* muestra una variación.
En este ejercicio tocaremos la frase
una octava más arriba usando sólo
quintas. Observa el efecto diferente
que se crea.

Los pilotos de la piedra - Guitarra 1 - Ejemplo 2

80 La guitarra punteada

La parte de la guitarra punteada es simplemente un patrón *ostinato* que se toca en el registro más alto de la guitarra usando tan sólo dos notas. El *ostinato* es una secuencia que se repite. Aunque la nota SI (B) a veces se cruza con el acorde de SI♭5 (B♭5) la disonancia que se crea en este caso, es deseable. Recuerda que tratamos de crear tensión y con este choque de notas realmente lo logramos.

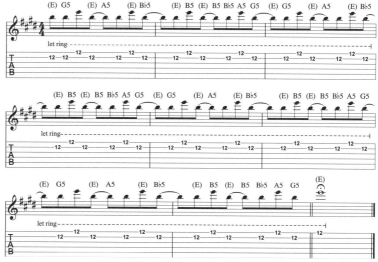

Los pilotos de la piedra - Guitarra 2

Ejemplo 1

El *Ejemplo 1* muestra la escala de MI (E) menor de *blues* cuando se toca en la décima segunda posición. Practica tocando esta escala con la pista de ensayo, pero intenta también crear tus propias melodías.

Los pilotos de la piedra - Guitarra 2 - Ejemplo 1

Ejemplo 2

El *Ejemplo 2* muestra la magia oculta de un arpegio disminuido. El fallecido Randy Rhoads, que fue el primer guitarrista de Ozzy Osbourne después de irse de Black Sabbath, usaba esto como parte de su arsenal de trucos de guitarra. El arpegio disminuido se invierte a sí mismo cada cuatro trastes así cada compás moveremos el patrón subiendo cuatro trastes en el mástil o diapasón. El invertir o cambiar el orden de las notas que tocas es una manera efectiva de crear diferentes melodías. Observa también, el gran vibrato al estirar la última nota en el último compás.

81 Ahora toca al mismo tiempo que el tema musical de ensayo.

Los pilotos de la piedra - Guitarra 2 - Ejemplo 2

Lista de temas que se sugiere escuchar

La siguiente lista contiene bandas cuyos guitarristas debes conocer. Quizá no te gusten todos, pero seguro que la mayoría sí. Los solos de cada canción demuestran el estilo particular de cada guitarrista.

Banda	*Guitarrista*	*Canción*
ACDC	Angus Young	*You Shook Me All Night Long*
Aerosmith	Joe Perry	*Walk this Way*
Allman Brothers	Dickey Betts y Duane Allman	*Whipping Post*
Allman Brothers	Dickey Betts	*Jessica*
B.B. King	B.B. King	*The Thrill is Gone*
Black Sabbath	Tony Iommi	*War Pigs*
Boston	Tom Scholz	*More Than a Feeling*
Chuck Berry	Chuck Berry	*Johnny B. Goode*
Cream	Eric Clapton	*Crossroads*
Deep Purple	Ritchie Blackmore	*Highway Star*
Deep Purple	Ritchie Blackmore	*Lazy*
Derek & the Dominos	Eric Clapton y Duane Allman	*Layla*
Dire Straits	Mark Knopfler	*Sultans of Swing*
Eric Johnson	Eric Johnson	*Cliffs of Dover*
George Harrison	Eric Clapton	*While My Guitar Gently Weeps*
Guns and Roses	Slash	*November Rain*
Guns and Roses	Slash	*Sweet Chile o' Mine*
Joe Satriani	Joe Satriani	*Satch Boogie*
Joe Satriani	Joe Satriani	*Surfing with the Alien*
Led Zeppelin	Jimmy Page	*Heartbreaker*
Led Zeppelin	Jimmy Page	*Stairway to Heaven*
Led Zeppelin	Jimmy Page	*Whole Lotta Love*
Lynard Skynard	Allen Collins y Gary Rossington	*Freebird*
Metallica	Kirk Hammet	*Fade to Black*
Metallica	Kirk Hammet	*One*
Michael Jackson	Eddie Van Halen	*Beat It*
Nirvana	Kurt Cobain	*Smells Like Teen Spirit*
Ozzy Osbourne	Randy Rhoads	*Crazy Train*
Ozzy Osbourne	Randy Rhoads	*Flyin' High Again*
Ozzy Osbourne	Randy Rhoads	*Mr. Crowley*
Ozzy Osbourne	Zakk Wylde	*No More Tears*
Pink Floyd	David Gilmour	*Comfortably Numb*
Pink Floyd	David Gilmour	*Money*
Queen	Brian May	*Bohemian Rhapsody*
Rage Against the Machine	Tom Morello	*Bulls on Parade*
Santana	Carlos Santana	*Black Magic Woman*
Santana	Carlos Santana	*Europa*
Santana	Carlos Santana	*Samba para ti*
Steely Dan	Elliot Randall	*Reelin' in the Years*
Steely Dan	Larry Carlton	*Kid Charlemagne*
Steve Vai	Steve Vai	*For the Love of God*
Stevie Ray Vaughan	Stevie Ray Vaughan	*Pride and Joy*
Stevie Ray Vaughan	Stevie Ray Vaughan	*Scuttle Buttin'*
Stevie Ray Vaughan	Stevie Ray Vaughan	*Texas Flood*
The Eagles	Don Felder y Joe Walsh	*Hotel California*
The Jimi Hendrix Experience	Jimi Hendrix	*All Along the Watchtower*
The Jimi Hendrix Experience	Jimi Hendrix	*Little Wing*
The Jimi Hendrix Experience	Jimi Hendrix	*Purple Haze*
The Jimi Hendrix Experience	Jimi Hendrix	*Voodoo Chile (Slight Return)*
The Rolling Stones	Keith Richards	*Honky Tonk Woman*
The Rolling Stones	Keith Richards	*Sympathy for the Devil*
Van Halen	Eddie Van Halen	*Eruption*
Van Halen	Eddie Van Halen	*Hot for Teacher*
Van Halen	Eddie Van Halen	*Mean Street*

Últimas palabras

¡Enhorabuena! Ahora ya debes de tener una buena base para tocar la guitarra de rock. Éste es el momento adecuado para buscar otros guitarristas con los mismos intereses en el rock para tocar con ellos, aprender de ellos y por último, ser uno de ellos. Aprende las canciones que son populares entre los músicos locales para que puedas tocar con ellos en cualquier momento.

Los mejores maestros son los guitarristas que son tus ídolos. Una vez Stevie Ray Vaughan dijo del álbum de B. B. King Live at the Regal, "Vuelvo a ese álbum y es como un pequeño libro… siempre hay algo nuevo que aprender…" De su colección de discos comentó: "… todos son pequeños libros". Así que sigue el consejo de Stevie Ray y escucha tantas grabaciones como puedas de tus músicos favoritos. Aprende la música directamente de esa fuente.

Aunque este libro ha llegado al final, el camino no tiene fin. Existen acordes y progresiones aún por descubrir y escalas y arpegios aún por explorar. Recuerda que la imaginación es tu único límite. Aprende una nueva técnica e incorpórala a tu práctica diaria hasta que sea parte de tu vocabulario.

Te agradezco que me hayas permitido compartir esta experiencia contigo y espero que continúes desarrollándote musicalmente. Además, te animo a que compartas lo que has aprendido con otros y ayudes a mantener viva la música. ¡Buena suerte!

Sobre el autor

Ed Lozano es profesor y guitarrista profesional. Ha recorrido los Estados Unidos de América, Canadá y Europa tocando profesionalmente además de escribir y producir música para cine y televisión. Además de la guitarra, Ed toca varios instrumentos: bajo, trés, laúd, bajo sexto y teclado. Estudió la licenciatura en Bellas Artes con especialización en Arreglos Musicales Comerciales y Escritura Musical Profesional en la universidad Berklee College of Music. En la actualidad, enseña clases maestras y clases de instrucción y práctica en Acoustic Sessions en la ciudad de Nueva York y Berklee College of Music en Boston. Actualmente Ed también se dedica a escribir una serie de libros sobre cómo usar los ritmos de Salsa con la sección rítmica moderna. Ed es miembro de ASCAP y del World Music Institute.

Ed reside en la ciudad de Nueva York.

Ed Lozano usa y recomienda las cuerdas Black Diamond Strings y los sistemas de amplificación Line 6.

Otros libros del autor:
¡Aprende ya! Acordes para guitarra
¡Aprende ya! Escalas para guitarra
Mastering Modes for Guitar
Easy Blues Rhythms for Guitar
Easy Blues Solos for Guitar
Easy Blues Songbook
The Bass Deck